E.T. 101

Manual de Instrução Cósmica para a Evolução do Planeta

Uma Edição de Emergência para a Terra

Co-criado pela
Missão de Controle
e por Zoev Jho

E.T. 101

Manual de Instrução Cósmica para a Evolução do Planeta

Uma Edição de Emergência para a Terra

Tradução
NEWTON ROBERVAL EICHEMBERG

EDITORA CULTRIX
São Paulo

Título do original:
E.T. 101
The Cosmic Instruction Manual for Planetary Evolution

Edição	Ano
1-2-3-4-5-6-7-8-9	97-98-99-00

Direitos de tradução para o Brasil
adquiridos com exclusividade pela
EDITORA CULTRIX LTDA.
Rua Dr. Mário Vicente, 374 – 04270-000 – São Paulo, SP – Fone: 272-1399
E-MAIL: pensamento@snet.com.br
http://www.pensamento-cultrix.com.br
que se reserva a propriedade literária desta tradução.

Impresso em nossas oficinas gráficas.

DEDICATÓRIA

Esta publicação tridimensional do
Manual de Instrução Cósmica
para a Evolução do Planeta
é dedicada a todas as pessoas de nosso convívio.

— *O Conselho Intergaláctico*

MUITO OBRIGADA

A Missão de Controle agradece aos seguintes membros de nossa tripulação em terra e dos comitês de consultoria fora do planeta por sua ajuda na publicação tridimensional deste manual:

Missão Terra Extraterrestre
O Comando Ashtar
A Confederação Interuniversal de
Comunicação e de Processos Evolutivos
O Projeto Piloto Telstar

Agradecimentos especiais
ao Conselho do Empíreo
ao Conselho dos Doze
às Produções do Sol Central
e à
HarperCollinsSanFrancisco

MUDANÇAS ACONTECEM

Embora não seja incomum revisar um livro em suas edições subseqüentes, o nome do autor não costuma ser um elemento sujeito a alterações. No entanto, depois da primeira impressão de *E.T. 101*, o nome da autora foi misteriosamente mudado de "Diana Luppi" para "Zoev Jho", mesmo que admitamos só ter alterado levemente o texto. O que admitimos ter sofrido extensas mudanças foi a própria autora.

No decorrer do processo de se restabelecer essa transmissão, a fiação interna de Diana Luppi derreteu. Sua identidade como Terráquea ficou seriamente ameaçada, assim como sua convicção, outrora vigorosa, de que era um ser humano. Como conseqüência do fato de ter passado um certo tempo conosco, a identidade de Diana se desfez em chamas. O que emergiu das cinzas foi um mestre extraterrestre que não era mais, nem mesmo de longe, um ser humano, e que passou a ser conhecido entre nós como Zoev Jho. Como isso foi tudo o que restou do incidente, é o nome de Zoev Jho que aparece agora, legitimamente, neste manual.

Por favor, fiquem avisados de que a explicação oficial da Missão de Controle para a troca de cavalos no meio da corrida é esta: "Mudanças acontecem." No decorrer da leitura deste livro, nós os prevenimos de que uma mudança semelhante também poderá acontecer com vocês.

— *Missão de Controle*

SUMÁRIO

NOTA INTRODUTÓRIA DO DEMERITA* À EDIÇÃO BRASILEIRA

Navios de prata do cosmos, venham
Navegando pelo mar do céu
Irmãos de todo o cosmos, venham
Trazer-nos a canção do céu.
Pois a Terra está pronta, como as lágrimas do tempo,
Esperando apenas que os mensageiros venham
Despertar todas as crianças do Sol.
Estamos indo
Voltando para casa, no centro da terra interior,
Onde percebemos que a beatitude nasceu
E que um novo mundo irá começar.

* Na verdade, esta nota não foi redigida pelo próprio DEMERITA (Departamento Médico Extraterrestre de Risadas Terapêuticas), mas sim pela sua Divisão de Cura Instantânea por Rachamento de Bico Pentadimensional para Sisudos Incuráveis.

E você construirá
Em seu íntimo um templo para sustentar sua mente
Com uma terra de ouro no alto
E em toda a parte, para toda a humanidade.

(Canção *hippie* integrada ao projeto *Rainbow Bridge*; a transcrição sofreu, provavelmente, interferências fonéticas extraterrestres.)

E.T. 101 é um fenômeno extraterrestre até mesmo na natureza do texto que apresenta ao leitor. Cada um pode lê-lo à sua maneira, e nele reconhecer, como facetas de um caleidoscópio multinivelado, belos poemas em prosa em defesa da vida e do triunfo do Espírito, uma tremenda piada pentadimensional, um passatempo deliciosamente humorístico, um mito libertário, no sentido em que o eram os grandes mitos gnósticos do começo do Cristianismo, os quais tinham igualmente por tema a Vitória da Luz, uma ameaça ainda mais assustadora que a mostrada nas imagens do hilariante *Independence Day*, um maravilhoso manifesto em defesa da sensatez humana, um autêntico "espelho alienígena", onde vemos refletida uma imagem do nosso "outro" eu, do nosso heróico eu verdadeiro, seja ele um Falador em Código ou um Guerreiro do Arco-Íris, um livro mágico, que, como um vírus, poderia contaminar de esperança autêntica o cabisbaixo perfil atual da humanidade, um romance de ficção científica em condições de competir seriamente com a imaginação de Philip K. Dick, uma apavorante história de horror, capaz de deixar em frangalhos nossos débeis corpos emocionais, ou, simplesmente, o que ele de fato é, um manual para uso de extraterrestres que, a fim de colocar em prática a estratégia divina da Missão de Controle, se esqueceram voluntariamente de quem são ao descerem aqui: em outras palavras, é um manual para todos nós.

A ufologia vive atualmente seus dias de psicose. Prova disso é o sucesso dos extraordinários *Arquivos X*, com sua inteligente sondagem das mais sombrias catacumbas do ego humano. Outra prova é o número de casos clínicos de abduções, isto é, de raptos violentos de seres humanos por extraterrestres, ocorridas nestes últimos anos, o qual, pelo menos nos EUA, é tão alto que os especialistas falam em surto epidêmico. E embora a ufologia se aventure com pleno ânimo pelos meandros do "trabalho de campo", seu pensamento oficial permanece estranhamente subjugado às determinações da mídia, e é tão superficial quanto ela.

Por isso, não é de se admirar que a ufologia oficial sinta-se tão constrangida diante de certas descobertas e suspeitas surpreendentes a respeito do fenômeno OVNI, as quais estão sendo investigadas por notáveis pesquisadores como Jacques Valée, Kenneth Ring e, no Brasil, Gilda Moura. São coisas estarrecedoras como estas: o fenômeno OVNI, seja ele classificável como "encontro angélico" ou como "filme de horror", provoca em suas vítimas sintomas que podem ser perfeitamente mapeados naqueles que acompanham o despertar da Kundalini, a energia da serpente; o fenômeno OVNI apresenta semelhanças inegáveis com vários aspectos da iniciação xamânica e da experiência de quase-morte; o fenômeno OVNI, no âmbito das abduções contemporâneas clássicas, revela uma correlação estatisticamente inegável com casos de abuso sexual na infância (!); o fenômeno OVNI parece manifestar-se "macaqueando" a cultura humana*. Quanto a esse último aspecto, um pesquisador chegou mesmo a constatar que em certas experiências de contato imediato, que a ufologia classifica como autênticas, havia imagens associadas ao fenômeno OVNI que eram idênticas a outras, as quais tinham aparecido, meses ou anos *antes*, em livros ou em filmes. Isso estreita ainda mais, no nível desse fenômeno, o laço entre ficção e realidade.

Talvez só não veja quem não quer ver. Talvez tenha um significado ainda mais profundo do que parece a advertência que nos faz *E.T. 101*: "Cuidado com o lugar onde vocês colocam a sua atenção; sua atenção cria a realidade." Talvez o que chamamos de "macaqueamento" seja apenas o aspecto mais superficial de uma realidade ainda mais inusitada, a de que o fenômeno OVNI teria uma estranha natureza de *espelho*. Ora, se assim fosse, o fenômeno OVNI estaria, na verdade, desempenhando a função de uma espécie de *termômetro* (ou seria uma função de termostato?) do estado espiritual da humanidade. Então,

* Por exemplo, Ezequiel foi abordado pela famosa "roda". No fim do século XIX, OVNIs surgiam sob a forma de navios; nossos OVNIs implantam em suas vítimas verdadeiros *chips* de computador e trabalham muito bem com brocas de dentista e bisturis, e assim por diante.

seria bem possível que, nos dias atuais, ele estivesse apenas nos devolvendo a imagem especular desse poço infecto onde se meteu o "ego moderno". De fato, este parece se sentir muito à vontade em meio às infindáveis histórias de egoísmo, de hipocrisia, de vaidades, de crimes, de ganância e de violência que dominam a mídia. Talvez o fenômeno OVNI se materialize teatralizando configurações arquetípicas egóicas transitórias (ou obsessivas) que estavam ativas na vítima no momento da abdução, configurações essas que poderiam estar sendo normalmente impostas à humanidade (principalmente através da mídia) pelos que se julgam os Donos do Planeta. Em outras palavras, se um santo e uma pessoa *pouco atenta* à necessidade de uma visão positiva, espiritual, sadia e propositada da vida fossem simultaneamente apanhados pela "epifania" do fenômeno OVNI, este talvez lhes abrisse chakras diferentes, ou polaridades opostas do mesmo chakra. O santo encontraria anjos; a pessoa *pouco atenta* à existência de um propósito superior no universo, e intimamente confiante nesse propósito, encontraria escuros inimigos. E é principalmente a essas pessoas *pouco atentas* que *E.T. 101* dirige sua mais pungente e abaladora advertência: "Acordem, lembrem-se da missão, lembrem-se de quem eram antes de embarcarem nessa dura tarefa de resgatar para a luz um pobre planeta jogado às traças." Talvez a grande verdade por trás da famosa história do caso Roswell, segundo a qual o exército norte-americano teria resgatado um OVNI avariado e os seus tripulantes, não passe de uma fictícia *rede de pesca* com a qual os que se julgam os Donos do Planeta, apavorados com a natureza literalmente imensurável do fenômeno OVNI, com sua natureza incompreensível à luz dos limitados e negativistas padrões egóicos, pretendem capturá-lo por meio da mídia, uma vez que, como já dissemos, esse fenômeno parece "macaquear" nossos mitos.

O fato é que o planeta está na mira de uma energia alienígena, inteligente e propositada. Negar esse fato nada mais é do que querer tapar o Sol com a peneira. E se "aquilo" em que os ufólogos oficiais se recusam obstinadamente a *prestar atenção* estiver realmente apontando para onde parece apontar, o melhor que os leitores de *E.T. 101* têm a fazer é conservar este manualzinho sempre junto dos seus livros de cabeceira favoritos. Afinal, uma coisa pelo menos é certa: o Conselho Intergaláctico não tem a intenção de enganar leitor algum.

Talvez o que o fenômeno OVNI esteja realmente querendo nos mostrar não sejam suas infindáveis fotos de baixa definição estampadas em jornais sensacionalistas nem cansativas histórias sempre iguais envolvendo a importância suprema atribuída aos arquivos secretos do governo (afinal, se os milhares de pessoas que são abduzidas anualmente têm *acesso direto* ao fenômeno OVNI, então por que a ufologia e a opinião pública teimam em atribuir ao governo o papel de uma autoridade *mediadora*, que teria a última palavra na solução do mistério?).

Talvez o que o fenômeno OVNI, *antes de mais nada*, está querendo nos ensinar seja o conhecimento de novas leis, de leis que só desdobrarão sua plena potencialidade no âmbito de um mundo novo, e nas mãos de homens e de mulheres de almas destemidas e luminosas. Jamais o fariam num mundo edificado sobre a mentira, o medo e a escravidão, sobre a negação e a autonegação. Além disso, essas leis, muito provavelmente, não estariam sendo comunicadas a cientistas nem a médicos, e muito menos a políticos e ao governo, os quais, como nos informa a Missão de Controle, se acham incuravelmente escravizados à limitação. Essas leis poderiam, isto sim, estar sendo sussurradas nos ouvidos de artistas sensíveis à dimensão interior, misteriosa e poética do fenômeno OVNI. Desse modo, eles poderiam transmiti-las, como autênticas sementes, ou grãos de pólen, às gerações futuras.

Caetano Veloso, naqueles belos anos de estranhos sonhos psicodélicos, poderia ter recebido uma informação desse tipo, uma informação que, levada através dos céus de uma "cidade do interior" pelo misterioso vento de outras esferas da existência, lhe teria inspirado estes versos, tão docemente inofensivos na aparência:

Eu vou fazer uma canção de amor
Para gravar num disco voador.

Se a atual fase "psicótica" do fenômeno OVNI fosse, de fato, a projeção, em espelho extraterrestre, da desoladora face atual do mundo, e se é essa face o prato indigesto que a inteligência malévola que está por trás da mídia teima em despejar incessantemente nas nossas gargantas, então não é difícil imaginar aquilo que o mundo materialista, tridimensional e escravo da limitação tenta esconder como o mais secreto dos arquivos secretos do governo: a possibilidade de "moldar" o fenômeno OVNI à imagem e semelhança de coisas tais como uma "canção de amor". Aliás, no final das contas, o que é uma bela canção de amor, um belo poema, uma bela pintura senão energia alienígena modelada na linguagem dos deuses?

De fato, se a humanidade em seu todo pudesse lançar mão da "tecnologia OVNI" para "gravar" o fenômeno segundo as diretrizes implícitas na imagem "canção de amor", isto seria, sem dúvida, rechaçado como uma perigosa utopia pelos que se julgam os Donos do Planeta, pois subverteria toda a estrutura demiúrgica* que impera no mundo. No entanto, se cada um de nós acrescentasse novos versos, versos *reais*, a essa maravilhosa *canção de amor*, que insuspeitado destino daríamos ao nosso planeta? Sob a égide da luz, a imaginação tomaria o poder. Nossa Terra entraria no Terceiro Milênio guiada por esse misterioso Sol alienígena que Terence McKenna, muito provavelmente um dos Guerreiros do Arco-Íris já despertos da Missão de Controle, nos mostra estar despontando no horizonte do mundo.

---

* O demiurgo, no linguajar de alguns *walk-ins*, é algo assim como o "arquétipo do ego", que para eles é também o arquétipo de outras coisas, tais como a limitação e a negação.

Talvez caiba à comunidade daqueles em quem ainda é autêntica a fé na luz e no triunfo do Espírito a tarefa de *preparar* um destino digno ao fenômeno OVNI. Podemos continuar nos deliciando com histórias de terror ou podemos reorientar nossa atenção para as arquetípicas belezas iridescentes das montanhas e dos rios pentadimensionais. A escolha cabe a nós. De qualquer maneira, mesmo que ainda não a entendamos direito, devemos ter os ouvidos confiantemente abertos à advertência da Missão de Controle: sejam responsáveis no que diz respeito à atenção de vocês, e procurem retirá-la de tudo o que queira afastá-la do Espírito. Por tudo isso, bem-vindo sejas, *E.T. 101*, linda canção de amor gravada num disco voador.

Newton Roberval Eichemberg

Esta é uma Transmissão do Conselho Intergaláctico

INFORMAÇÕES INTRODUTÓRIAS

A Missão

(Reimpresso, com permissão do Conselho Intergaláctico, do Manual de Instrução Cósmica *original, Edição de Bolso Interdimensional Padrão.)*

A missão ao Planeta Terra foi iniciada a pedido do próprio planeta. A Terra solicitou e os conselhos estelares concederam-lhe um salto evolutivo. Ao longo do último milênio, a Terra tem se preparado para o nosso advento. Chegou a hora de ingressar no plano da Terra para reivindicar este planeta em nome das Forças da Luz e abrir suas portas à comunidade cósmica na qual ela reside.

Saudamos e congratulamo-nos com aqueles de vocês em todos os universos que se alistaram como voluntários para essa tarefa. Que nossa bênção esteja com vocês. E lembrem-se, leiam o manual *antes* de chegar aonde devem chegar. Embora sejam veteranos de incontáveis missões bem-sucedidas a numerosos sistemas disfuncionais de suporte da vida, estejam vigilantes com relação ao atual sistema.

Esta edição do manual é especialmente destinada a este sistema planetário — um sistema que desafia toda racionalidade verdadeira e que promoveu a disfuncionalidade como forma de arte. É também um dos poucos sistemas onde dizer a verdade é secretamente considerado um ato criativo. Devido aos perigos inerentes a este planeta, a Missão de Controle não se responsabiliza por quaisquer membros desta missão que não se familiarizarem totalmente com o material contido nesta edição especial.

— *Missão de Controle*

Nota Especial do Editor

Embora os tivéssemos advertido para se familiarizarem com o manual original antes da partida, um grande número de vocês não o fez. A expressão "Se você ler um manual, leu todos" comprovou ser uma atitude arrogante que muitos de vocês viveram o bastante para lamentar, embora, na sua maioria, vocês estejam perplexos e ofuscados demais com o processo para se lembrarem do que exatamente vocês estão se lamentando. Estar a quatrocentos anos-luz distante de casa e, de repente, se perguntar: "Será que esqueci minha escova de dentes?" é, ao mesmo tempo, irritante para a Missão de Controle e inútil para a missão em geral.

Portanto, para aqueles de vocês que deixaram sua galáxia sem o manual, foi autorizada, pelos conselhos dirigentes da missão, uma nova reimpressão do mesmo. Trata-se da versão do manual original destinada a principiantes que têm uma certa dificuldade para aprender, pois vocês não poderiam, possivelmente, manipular a versão não-expurgada na presente época. Esta edição é a tradução oficial norte-americana e canadense, escrita em língua vernácula e destinada a uso comum para as circunstâncias em que vocês se encontram. Os Conselhos recomendam com veemência, agora que vocês se desuniram totalmente, o seguinte: "Por que não dedicam um momento à leitura das instruções?" No final das contas, foi a pedido de vocês que nós as escrevemos.

— O Conselho Intergaláctico

Em nome dos Conselhos Interuniversais Confederados, as Alianças Estelares Unidas e a Federação Interdimensional Maior da Luz

Uma Palavra da Missão de Controle

A Missão de Controle é o braço tático da missão extraterrestre ao Planeta Terra. Nós implementamos as decisões dos conselhos estelares e atuamos como um intermediário entre os membros da missão que optaram por serviços de infantaria sobre a superfície do planeta e aqueles que estão prestando serviços à missão em qualquer uma de suas muitas divisões fora do planeta. É nossa responsabilidade sustentar todos os sistemas de comunicação entre as muitas forças que agora foram reunidas nesta arena planetária. Nosso propósito é ajudar o planeta e os seus habitantes a ingressarem numa nova consciência e numa nova realidade.

Nossa diretriz fundamental consiste em coordenar os movimentos orquestrados pelo Espírito. Estamos aqui para assegurar que o decreto da Suprema Corte Espiritual seja implementado, e que os véus da terceira dimensão sejam rasgados a fim de que a luz possa penetrar. Supervisionamos a redação desta versão do *Manual de Instrução Cósmica* a pedido do Conselho Intergaláctico. Assim o fizemos porque a ordem que recebemos é a de ajudar a todos os membros da missão a completar com sucesso suas muitas e variadas tarefas. Nossas instruções devem constituir uma força orientadora para esta missão; nosso *status* é o de servir o Espírito.

Aqui é a Missão de Controle falando. Agora, encerramos esta transmissão.

Como Usar Este Manual

Este manual *não* é um livro de regras nem diz a vocês quantos anjos podem pousar na cabeça de um alfinete, e que dimensão esse alfinete tem dentro dele. Também não fornece mapas de ruas para as dimensões, a fim de satisfazer as mentes de pensamento linear de vocês. Este manual é uma ferramenta para despertá-los para aquilo que vocês já sabiam. É uma ajuda para que tenham acesso à verdadeira informação interior, e não uma autoridade exterior trazendo o mais recente "ismo" no qual vocês devam acreditar.

Como não queremos que este manual seja usado de maneira errada, deixamos algumas informações deliberadamente de fora. Se descobrirem que estão querendo mais respostas do que este manual oferece, não fiquem aí parados como bobos; vão para dentro de si mesmos e peçam essas respostas. O que quer que seja apropriado para vocês saberem lhes será transmitido. A Missão de Controle gostaria que estivessem cientes de que nós não apenas nos postamos por trás do nosso produto, mas que também nos postamos ao lado de vocês, à medida que o lêem.

Também gostaríamos de esclarecer que, embora possam considerar este manual uma publicação *new age*, nós não o consideramos como tal. Isto porque aquilo que vocês chamam de *new age* é apenas a manifestação final da velha era. Uma vez que a *new age* ainda se refere a sistemas de crenças religiosas impostos por autoridades externas, constatamos que ela não é nova e nem muito melhor do que qualquer outra coisa em que vocês acreditem. Preferimos pensar em nós mesmos como vaqueiros sagrados de um rebanho sagrado, e nosso manual como um dispositivo de pastoreio sagrado. Acreditamos que isto tornará esta publicação mais "pós-nova era" do que qualquer outra coisa.

A maneira como vocês acabarem classificando este manual é menos importante que a maneira como o acabarem utilizando. Sugerimos que o utilizem como um instrumento para despertá-los, e não como uma nova doutrina para continuar a mantê-los dormindo.

Aqui é a Missão de Controle dizendo uaaaaau!

1

O Novo Dicionário Colegial Intergaláctico

MISSÃO DE CONTROLE

Uma vez que as línguas humanas não estão planejadas para apreender muitos conceitos fora do estado de consciência fixado para uso comum, dominado pelo medo e dotado de natureza tóxica, e, também, uma vez que nós não usamos a linguagem falada, este manual nos faz defrontar com alguns problemas interessantes. Lidar com a moeda corrente dos seus sistemas lingüísticos é duplamente difícil, pois a inversão de sua energia torceu todo significado lógico. Por exemplo, as pessoas deste planeta permanecem num estado de total arrogância, negando inabalavelmente sua própria onipresença. Elas se declaram separadas de si mesmas, das outras pessoas e da vida como um todo, enquanto apresentam essa declaração mentirosa como se fosse um ato de humildade. Humildade não é negação; *separação* é negação. E persistir nessa separação é o supremo ato de orgulho.

As instituições de vocês operam da mesma maneira retrógrada; assim, vocês têm um sistema de segurança nacional que está ativamente empenhado em matar a todos, têm uma administração federal das drogas que recomenda o uso de qualquer coisa nas dietas alimentícias, exceto óleo de motor, e isto porque é baixo, nesse óleo, o teor de componentes poliinsaturados; e têm um sistema econômico que convence todas as pessoas a acreditar que a vida é má para a economia. Como vêem, pode ser difícil usar a linguagem de vocês e ainda assim ter a esperança de expressar a verdade. Certos termos precisam de novas definições antes de vocês começarem esta leitura. Seguem-se essas definições.

> **Nota**: Alguns membros da missão ainda se lembram do significado extraterrestre e podem achar que esta seção é maçante. Outros se esqueceram de tudo e estão exigindo uma cirurgia reconstrutiva. Por esse motivo, destacamos a definição-chave — ou o mais perto que podemos chegar de uma definição-chave nesta linguagem — em itálico, de modo que os leitores possam pular essa seção, ou lê-la, como queiram.

PALAVRAS DO NÍVEL I

Olhe, Jane, Veja o Lugar Fugir

Extraterrestre

Um extraterrestre não é um alienígena. Um alienígena é um alienígena. Um extraterrestre é um cidadão responsável do cosmos, e não um estrangeiro à deriva entre as estrelas. Extraterrestres são representantes da luz, protetores da vida e amantes dos planetas. São nativos em qualquer planeta onde porventura se encontrem em virtude de sua cidadania, independentemente do planeta de origem.

Muitos de vocês foram levados a acreditar que não poderiam jamais ser extraterrestres porque se sentem fortemente ligados à Terra e amam-na muitíssimo. Podemos lembrar que, se vocês amam, de fato, este planeta, vocês *são* extraterrestres. Podemos também lembrar que a preocupação de vocês por este planeta era tão grande que vocês fizeram questão de enviar até ele os melhores — no caso, vocês mesmos.

O alinhamento, e não a linhagem, define o significado

do termo "extraterrestre". Embora toda a vida emane da mesma fonte, nem toda a vida está alinhada com essa fonte. ***Um extraterrestre é um ser que está em harmonia simpática com a essência de sua gênese.***

Alienígena

A população deste planeta tem manifestado e expressado um certo medo neurótico a respeito de uma invasão alienígena. Esse medo foi desencadeado por uma sensação incômoda e persistente de que, num universo ilimitado, poderia perfeitamente haver outra vida inteligente. Numa típica resposta xenófoba e animada por interesses egoístas, os governos estão se armando contra aquilo que eles já sabem ser a verdade. Isso, naturalmente, não é do conhecimento geral, mas, nos sistemas de governo paternalistas, as informações importantes *nunca* são do conhecimento geral. Em nome da segurança nacional, os atos do governo são, com freqüência, escondidos dos governados. Esta afirmação não se destina a torná-los paranóicos nem a incitálos à revolta política; quer, simplesmente, demonstrar a vocês o comportamento de um alienígena e o significado desse termo.

Vocês não precisam vasculhar os céus à procura de evidências de uma invasão alienígena. Em vez disso, olhem ao seu redor. Olhem para aqueles que estão espalhando o medo, apregoando a morte e envenenando o

planeta. Olhem para aqueles que escondem a verdade a fim de que o poder que extraíram da mentira não seja ameaçado. E olhem para esses seres tristemente separados, que têm a audácia de encarar com fixidez o universo criado, perguntando a si mesmos se poderia haver mais alguém lá fora, ao mesmo tempo que se armam para a eventualidade de haver. É essa a invasão alienígena com a qual vocês se preocupam, aquela que exteriorizam e temem. É também aquela que os rodeia e à qual estiveram sobrevivendo durante milhares de anos.

Não há por que temer uma invasão de alienígenas, uma vez que a invasão já ocorreu, uma vez que eles já estão aqui. Seria melhor que vocês fossem advertidos de que devem temer o seguinte fato: nenhuma inteligência verdadeira jamais se mostrará neste planeta. E seria ainda melhor que fossem aconselhados a não temer absolutamente nada.

E.T. *versus* Alienígena

Agora que aprenderam a diferença entre um extraterrestre e um alienígena, gostaríamos de que se esquecessem imediatamente dessa distinção. O perigo que há nas definições está no fato de que, enquanto conceitos mentais, elas voltam a separar. Esta missão não tem por objetivo a separação. Nem é um faroeste de Hollywood que está sendo interpretado por um elenco de mocinhos e de bandidos. Seu tema é a luz e a introdução de mais luz neste planeta.

O convite para ingressar na luz estende-se a toda a humanidade, incluindo alienígenas, pois alienígenas são apenas extraterrestres que optaram por permanecer na escuridão, viver uma mentira e usar um disfarce.

Nota: Por ocasião da presente edição deste livro, havia somente dois tipos básicos de pessoas neste planeta: extraterrestres e alienígenas. "Extraterrestre" é uma palavra de transição, que se tornará desnecessária por ocasião do término desta missão. A essa altura, a palavra *humano* substituirá a primeira. Uma percepção da natureza extraterrestre de vocês passará, então, a constituir parte integral de toda a experiência humana, e os alienígenas não ocuparão mais o planeta. Da mesma maneira, outros termos de transição, tais como "androginia", deixarão de ter qualquer significado. Um macho e fêmea equilibrados emergirão dentro de cada ser. Em conseqüência disso, a palavra "androginia" será atirada na pilha dos entulhos, relegada ao *status* de um termo desnecessário, que descreve, de maneira redundante, o que significa ser humano. Tenham em mente que as definições presentes que constam deste dicionário foram escritas para um mundo em transição, e estão sujeitas a revisões.

Walk-in

Vocês, em sua maioria, provavelmente já ouviram a expressão *walk-in*, mas em benefício daqueles que foram designados para ocupar postos avançados em remotas zonas rurais, nós explicaremos o seu significado. Um *walk-in** é um membro da missão que "caminhou" (*walked*) para dentro (*in*) de um corpo antes ocupado por outro inquilino. A principal função dos *walk-ins* é ajudar os membros da tripulação em terra, que aqui chegaram de uma maneira mais convencional, a despertar para sua verdadeira identidade — e isso, espera-se, antes que a missão termine. Eles conservam grande parte de sua consciência interdimensional e podem se mover através de padrões disfuncionais numa velocidade acelerada, o que os torna inestimáveis para os entorpecidos e atordoados membros da tripulação que têm estado aqui durante toda a sua vida. Os *walk-ins* formam uma unidade expedicionária, e a maioria deles deixará de imediato os corpos onde se hospedam tão logo a tarefa de despertar este planeta tiver sido completada. ***Os walk-ins são emissários da luz que estão trabalhando na tradução do Programa de Intercâmbio Exterior desta missão.***

Crawl-in

Nem mesmo os membros mais urbanos e mais bem informados desta missão terão ouvido falar do termo *crawl-in*, pois acabamos de inventá-lo.** ***Crawl-ins são membros***

---

* Às vezes, traduz-se *walk-in* por "espírito entrante" ou "personalidade intrusa". (N.T.)

** O *crawl-in*, como diz o nome, "rasteja para dentro" de seu hospedeiro, assim como o *walk-in* o faz caminhando. (N.T.)

da equipe de transição planetária que optaram por ingressar neste plano mediante o processo normal de nascimento, comumente traumático. Ao chegarem, os *crawl-ins*, em sua maioria, reavaliaram instantaneamente a situação e alteraram suas mentes, mas foram incapazes de imaginar um caminho de volta.

Em sua maior parte, os membros desse grupo encarnaram-se logo após a Segunda Guerra Mundial, sendo a sua vinda desencadeada pela inauguração da era nuclear, com o Projeto Manhattan, e pelo subseqüente bombardeamento atômico do Japão. Ficaram conhecidos como a "prole dos bebês de guerra", ou "*baby boomers*", pela população local, que de nada suspeitou. Os *crawl-ins* constituem a espinha dorsal desta missão. Se você está lendo estas linhas, é muito provável que você seja um deles, pois os *crawl-ins* são os únicos que tiveram necessidade deste manual, e foi para eles que o escrevemos.

OVNI

Algumas pessoas deste planeta estão convencidas de que existem OVNIs visitando atualmente este lugar. Em sua maioria, as pessoas sentem que esta é uma alegação absurda, oriunda de um grupo marginal cujos membros são, basicamente, criaturas doidas. Essa idéia tem o apoio de agências governamentais que juram que os OVNIs não existem e que têm toneladas de informações altamente confidenciais para provar isso. Os advogados dos OVNIs afirmam, de maneira correta, que nenhum governo precisa de arquivos secretos sobre algo que não existe. Também acham absurdo que as agências do governo neguem, ao mesmo tempo, a liberdade de publicação desses arquivos sob a alegação de que a segurança nacional estaria sendo ameaçada. Em sua maioria, as pessoas não deram importância alguma a essa ligeira contradição, seguindo o seu caminho pela linha do partido oficial, em conformidade com a suposição de que o governo não mentiria e que "papai sabe tudo".

A Missão de Controle gostaria de dar este assunto por encerrado. A facção OVNI é constituída por aquilo que chamamos de pessoas do tipo crédulas. Elas ainda estão intrigadas com fenômenos tridimensionais, e, em conseqüência disso, estão perdendo o barco enquanto procuram por navios. Os que acham que não há nada para se acreditar sofreram, basicamente, lavagem cerebral por parte do descrédito oficial sobre a questão, e seguem igualmente pelo caminho errado. As agências do governo estão mentindo na cara deles e constituem, portanto, dentre essas três facções, a mais carente de fundamento.

Veículos tridimensionais vindos de outros planetas podem, naturalmente, existir. No entanto, eles não são aquelas naves com as quais você costuma estar preocupado. Se um objeto pode ser identificado como um objeto voador não-identificado, então ele não é uma das naves controladas por nós, nem é membro da frota da Real Força Aérea Celeste, que constitui o braço direito desta missão.

Nossas naves não são tridimensionais; no entanto, estão em seus postos, espalhadas por todo o céu de vocês neste momento. Elas aterrissam onde e quando querem, e não estão usando um "manto de invisibilidade" para esconder sua presença. Estão espalhafatosamente expostas ao ar livre, e são visíveis às poucas pessoas que romperam a cegueira que afeta a terceira dimensão.

Não estamos querendo trivializar a experiência tridimensional de vocês, ou lançar o descrédito sobre as naves que viajam nessa dimensão. Há muitas entidades bastante gentis na terceira dimensão e que estão oferecendo ajuda a esta missão; no entanto, seus veículos, em definitivo, fazem parte da sucursal General Motors desta expedição, e não são representantes da poderosa força das naves pentadimensionais que hoje envolvem a atmosfera deste planeta. À medida que vocês forem despertando, a presença de naves de outras dimensões ficará óbvia e os encherá de terror e de admiração. Como resultado disso, a debatida questão dos OVNIs 3-D perderá o interesse, assim como o Ford Bigode não impressiona mais nem ocupa o pensamento de vocês.

Nota: O propósito desta seção não é definir OVNI, mas sim esclarecer parte do provincianismo planetário que cerca essa questão. Também se destina a prepará-lo para o escândalo do "Cosmicgate", que está em vias de surgir à tona, uma revelação do acobertamento intergovernamental da presença extraterrestre, o qual será em breve exposto globalmente.

Como este verbete se refere a outra função, e não constitui uma verdadeira definição, nenhuma parte dele justifica um destaque.

Nota: Por uma questão de clareza, oferecemos agora uma breve descrição das dimensões: a **terceira dimensão** é a única em que vocês estão vivendo atualmente e da qual estão saindo. É a única que vocês consideram como sendo a soma total da realidade. A **quarta dimensão** é, às vezes, chamada de plano astral e existe como uma dimensão-sombra com relação à terceira. À semelhança desta última, é também uma dimensão de polaridades, e é habitada por aqueles que vocês chamam de "espíritos" ou entidades desencarnadas. Essa dimensão caiu na impopularidade com o pensamento do materialismo científico, e foi reduzida à categoria de uma crença primitiva e supersticiosa — crença esta que permeou o mito humano até que todos vocês ficaram mais espertos e a descartaram. Vocês podem ficar surpresos ao saber que a verdade não requer que se creia nela para ser verdade, e a quarta dimensão tem conseguido seguir em frente não obstante sua rejeição por parte de vocês. A **quinta dimensão** aparece em seus sistemas simbólicos como o "céu", e, em comparação com a terceira dimensão, de fato o é. É uma dimensão de luz e de amor, e está livre das ilusões da dualidade e da separação. A quinta dimensão não é, de maneira alguma, o fim da linha; é apenas o passo seguinte na evolução planetária. A criação contém, efetivamente, um número infinito de dimensões, muitas das quais vocês ocupam simultaneamente. Esperamos que isto esclareça o assunto para vocês.

PALAVRAS DO NÍVEL II

Olhe, Jane, Veja o Lugar Transmutar

Luz

O conceito de "luz" é um termo malcompreendido. Poucos apreenderam o seu significado, e a maioria o usa de maneira leviana. Uma vez que este manual utiliza freqüentemente esse termo, ele requer uma definição ampliada.

A verdadeira luz é aterrorizante. Ela está tão além do seu uso comum em inglês, associado com coisas tais como neônio, PARE, Sol, *flash*, *Budweiser light*, "*do you have a light...?*" que é difícil expressar o seu significado real nesta linguagem. Vamos apresentar as coisas da seguinte forma: vocês são vítimas da iluminação indireta. Qualquer romance que tenham criado usando luz dessa maneira perdeu o seu encanto. A iluminação direta é a onda do futuro. Enquanto membros da missão, vocês estão aqui, especificamente, para se plugar nessa linha de alta voltagem.

Por favor, tornem-se conscientes do significado dessa palavra quando a utilizarem. ***A luz é a força da regene-***

ração, governada pelo poder da criação. A luz não é nada menos que a própria vida.

Transmutação

Transmutação não deve ser confundida com transformação. Este mundo teve de passar por milhares de anos de transformação antes de estar pronto para transmutar. Esse ciclo de transformações está agora completo, e o ciclo transmutativo começou.

Transmutação é uma mudança genética no nível celular, a que agora está em andamento para todas as formas de vida deste planeta. A Terra, que é uma consciência viva, tomou sua decisão, determinou o seu curso e iniciou sua mudança dimensional. Toda a vida do planeta está sendo preparada para esse evento por intermédio do processo de transmutação celular. É um processo de nascimento que dará à luz, na quinta dimensão, a este planeta e a todas as formas de vida que dele participam.

A transmutação celular não é algo como jogar golfe, que vocês podem optar por fazer se isso lhes interessar. É algo que está acontecendo, e que vocês optaram por fazer antes de virem para cá; de outra maneira, não estariam aqui. Embora não tenham opção genética a esse respeito, vocês ainda têm o livre-arbítrio. Vocês podem, voluntariamente, ajudar nesse procedimento e transmutar junto com esta esfera planetária, ou podem resistir ao processo e se tornar, como alguns membros de nossas equipes de transição planetária gostam de dizer: "criaturas frágeis". A Missão de Controle aconselha vocês a pensar duas vezes antes de mudar de idéia.

Inteligência

Temos notado que a idéia que vocês têm de inteligência e a nossa idéia de inteligência têm muito pouco a ver uma com a outra. Por exemplo, vocês se referem a si mesmos como uma espécie inteligente, e no entanto estão perigosamente perto de tornar o planeta inabitável para qualquer outra coisa exceto o asfalto. Vocês também conseguiram colocar a si mesmos no topo da lista das espécies ameaçadas. Podemos apontar que até mesmo um vírus demonstra uma apreensão mais astuta de sua situação do que vocês. A única razão pela qual um vírus se acha inclinado a jogar no lixo o seu meio ambiente está na sua tentativa bem calculada de manter a sua própria vida.

Também notamos que vocês usam a palavra "esperto" em associação com lucros fraudulentos nos negócios e com transações e acordos corruptos. Quando alguém vende uma propriedade localizada num pântano de areia movediça, vocês dizem: "Cara, essa foi uma jogada esperta!" Vocês também pensam que é uma coisa incrivelmente talentosa vender um carro usado por uma nota preta sem mencionar que ele não tem dispositivo de transmissão. Esses dois exemplos são ilustrações amenas, que carecem da malignidade das reais atividades de vocês. Os governos, as empresas e em geral todos os cidadãos deste planeta cometem atrocidades espantosas em nome da esperteza material, e todo o comércio humano está crivado de escândalos espirituais. Além disso, embora essas ações possam ser, tecnicamente falando, consideradas fraudes de acordo com as leis vigentes, a fraude só se torna uma questão jurídica se vocês tiverem o azar de serem apanhados. Caso contrário, essas ações continuam sendo consideradas sagazes lances dos negócios, produtos de mentes brilhantes. Por razões óbvias, estamos perplexos com a concepção que vocês têm de inteligência e gostaríamos de propor outra definição.

Basicamente, o mau entendimento dessa palavra decorre do fato de que os habitantes deste planeta confundiram cérebro com inteligência. Um cérebro é um instrumento da inteligência, enquanto que a inteligência é uma força. ***A inteligência é a força da vida expressando-se em forma criada.*** Ela existe em todas as vidas, e não depende do fato de uma determinada vida ter cérebro ou não. Devido ao mau uso dos seus processos mentais, vocês chegaram ao ponto de considerar a inteligência como a arte do estar-em-posição-de-vantagem-ismo em atos de barbarismo espiritual. Vocês, de alguma maneira, conseguiram reduzir a racionalidade à condição de faculdade mental que os capacita para agarrar o máximo no menor tempo. Enquanto isso, a verdadeira inteligência é um alinhamento com a matriz da criação e com a sua fonte. É uma lealdade à luz e um abraçar a vida, e não uma demonstração de como vocês são competentes no ato da negação.

Nosso propósito aqui, neste planeta, é ajudar a libertá-los da negação, de modo a que possam vir, finalmente, a pensar direito. É nossa missão, e também nosso anseio, ajudá-los a pular fora desse processo de pensamento insano, para o *status* de uma forma de vida inteligente.

Co-criação

Pode ser difícil tornar evidente este conceito, pois vocês não reconhecem a parte de vocês na "criação" nem sabem coisa alguma sobre "cooperação". Embora ambas as palavras apareçam em nossos dicionários, ainda nos resta ver se qualquer uma delas evolui para além do *status* de uma boa idéia.

É favor não confundir a atividade de construção-de-impérios com criação, nem o mútuo sujar as mãos de graxa com cooperação. Criação não significa arrasar um local e em seguida construir sobre esse local recém-destruído, nem é demonstrada erguendo-se sistemas penitenciários e, eufemisticamente, chamando-os de cidades. Uma das razões pelas quais o verdadeiro significado da criação lhes escapa é que ela não pode ser realizada por pessoas que se vêem como vítimas. Isso desqualifica já de início a maior parte da população da Terra. Outra razão é que ela está fundamentada na cooperação, o que elimina todos aqueles que não foram eliminados no primeiro cômputo, e nos leva até outra palavra que vocês não entendem.

Se os habitantes da Terra tivessem alguma idéia do que significa cooperação, a distância mais longa entre dois pontos não seria um comitê. Nem os países marchariam incessantemente de uma guerra para a seguinte. O atual entendimento de vocês sobre cooperação baseia-se em concessões feitas tendo-se em vista ganhos e lucros. Eis por que uma instituição como as Nações Unidas é ineficaz. Ela não tem nem os *chips* com os quais poderia fazer acordos vantajosos nem as ferramentas com as quais poderia jogar esse jogo global. Enquanto os habitantes deste planeta permanecerem impotentes na sua realidade e separados na sua intenção e em sua autodefinição, a co-criação continuará sendo um conceito atraente, embora impraticável.

A razão pela qual estamos tentando explicar uma palavra que vocês estão mal equipados para entender deve-se ao fato de ela definir a base desta missão, e todo o seu plano. Estamos aqui para ajudá-los no reconhecimento do poder que vocês possuem. Estamos aqui para ajudá-los a assumir o comando. Estamos postados no limiar deste planeta, chamando-os para que se afastem corajosamente da mentira da separação humana e se atirem aos braços de uma vida nova e arrebatadora. Tão logo comecem a dar esse primeiro passo, passaremos a caminhar ao lado de vocês, como aliados. Seremos então capazes de estender a vocês os nossos serviços, ajudando-os alegremente na criação desse mundo nascente, repleto de luz. A essa altura, vocês finalmente entenderão que ***co-criação é uma obra de iguais, uma obra de espantosa doação de vida e transmissão de luz, que opera poderosamente com base numa integridade que está sintonizada com a verdade.***

Infelizmente, isso nos leva a outra palavra que vocês ainda não compreendem. Passem, por favor, para a próxima definição se estão curiosos a respeito do que significa "verdade".

Verdade

Temos notado que vocês alegam valorizar a verdade neste planeta. Alguns passam toda a vida procurando-a. Seus sistemas de leis a reclamam, e vocês podem ser judicialmente processados se, no mundo dos negócios, não a praticarem. Os filósofos de vocês a definem, os cientistas a medem, as religiões a exaltam e todos vocês brigam por ela. Enquanto isso, tudo o que vocês estão fazendo é prestar a ela serviços só da boca pra fora. Há uma excelente razão para tudo isso: vocês não têm a mínima idéia do que seja realmente a verdade.

A maneira como o óbvio escapou a vocês é uma história entediante. A versão resumida dessa história equivale ao seguinte: vocês adotaram o medo. Depois de cometerem esse ato profano, ela tem estado em queda constante. O medo é a primeira mentira, a mentira que lhes diz que vocês estão separados do todo. Depois de adotarem o medo, vocês são incapazes de dizer sempre a verdade, sejam quais forem as circunstâncias, sem quebrar o jogo.

A verdade, por sua natureza, é a luz. O medo, por sua natureza, não pode estar na luz sem morrer. Ele se torna uma simples questão de egoísmo. Desde há longo tempo, o medo se apossou deste planeta, da sua população e dos seus sistemas. Ele não espera desistir da propriedade que adquiriu, pois é uma forma de vida parasitária, que não pode viver separada das forças vitais de vocês.

A verdade existe; vocês são a verdade. Ela não está fora de vocês como vocês têm sido levados a crer. Por essa razão, é ridículo sair à sua procura numa jornada espiritual. É igualmente ridículo punir aqueles que não a praticam, uma vez que quase ninguém neste planeta o faz. Quanto a filosofar a seu respeito, como podem vocês fazê-lo quando não são capazes de reconhecê-la se ela passa correndo ao seu lado na rua? Enquanto isso, nas tentativas que vocês fazem para dominá-la, são realizadas medições, o que os afunda ainda mais na mentira segundo a qual ela vive fora de vocês, como uma inimiga que deve ser controlada. Exaltá-la é também vê-la como algo separado. E lutar por ela é algo tão absurdo que não merece o nosso comentário, em absoluto.

A totalidade do comportamento clinicamente insano de vocês no que se refere à verdade tem sido habilmente manipulada pelo medo, em sua tentativa de manter os olhos de vocês *fora* da verdade. Dessa maneira, o medo foi capaz de continuar atuando de maneira ininterrupta e indetectada no seu processo de devorá-los vivos. Mas não se preocupem — existe uma cura. Tudo o que vocês precisam fazer é despertar para o fato de que *vocês são a verdade*. Quando a luz chegar, o parasita morrerá, deixando vocês capazes de recuperar o comando.

Realidade

Esta é uma palavra difícil de definir pois, na realidade, não existe tal coisa. O que estamos querendo dizer é que não existe uma realidade única, aqui ou em qualquer outro lugar. Há tantas realidades diferentes neste planeta como há pessoas vivas para criar todas elas. E aquilo que passa por realidade global nada mais é que um consenso grupal a respeito de alguns pontos de menor importância. Afora isso, é cada homem e cada mulher por si.

A realidade que vocês vivem nada mais é que uma demonstração audiovisual de onde está a atenção de vocês. O universo presume que a atenção de vocês está naquilo que vocês querem que esteja e, cortesmente, lhes proporciona mais dessa coisa. Se essa dinâmica fosse entendida, vocês nunca fariam nada tão tolo quanto declarar guerra às drogas — a não ser, é claro, que o propósito de vocês seja o de criar mais drogas. Não há melhor maneira de aumentar o tráfico de drogas do que manter a atenção de todos focalizada nesse tráfico. Esse mesmo princípio se aplica ao aumento de tudo aquilo a que vocês pensam que estão se opondo, e também é essa a razão pela qual uma guerra não pode ser vencida. Se vocês fossem sérios a respeito de parar com as drogas, o melhor caminho seria parar de ficar fascinados por elas, que é o que vocês demonstram fazendo oposição cerrada a elas. Em vez disso, fiquem fascinados pela liberdade, e esses vícios desaparecerão, de maneira natural, para satisfazer a sua nova preocupação.

Como vocês ainda têm de entender o poder de criação de que estão dotados, e têm de entender quem vocês realmente são, a atenção de vocês está perpetuamente dirigida para a negação e não para a afirmação. O resultado disso é que o universo lhes oferece uma ajuda extra, servindo-lhes à mesa ainda mais daquilo que vocês pensavam que não queriam. Embora vários dentre vocês pratiquem a arte da afirmação como uma ferramenta para mudar a realidade, vocês podem afirmar até mesmo que têm o rosto azul, e poderão falhar. A não ser que a atenção e a identidade de vocês também tenham sido alteradas de modo a acomodar aquilo que afirmam, o universo não tem outra opção exceto a de satisfazer os desejos reais, embora ocultos, da atenção de vocês. Até que entendam o papel que a atenção e que o senso de identidade desempenham na criação, o livro de registros das tais afirmações continuará sendo uma desorientadora lista de tiros no vazio.

É hora de usar os recursos que vocês têm com sabedoria e de criar realidades dignas de quem vocês são. Podem fazer isso mudando aquilo que comunicam ao universo como sendo real segundo o pensamento de vocês e mudando a identidade que projetam por meio do comportamento dessa identidade. Se não fizerem essa mudança fundamental, continuarão a transmitir as mesmas velhas perguntas cansadas a um universo que, desapaixonada e amorosamente, responderá com as mesmas velhas respostas, geralmente tóxicas.

Espírito

É a palavra mais importante deste manual. O Espírito é a força motriz que está por trás desta missão, bem como o seu planejador. É a razão pela qual nossas grandes forças agora estão reunidas aqui. É também a razão pela qual vocês, os membros da nossa missão, voluntariamente decidiram encarnar neste planeta aparentemente hostil e retrógrado. Todos nós viemos para cá chamados pelo Espírito.

Todas as coisas e todas as pessoas, em todos os universos, pertencem, por direito, ao Espírito. ***O Espírito é o poder que insufla vida em todas as formas criadas. O Espírito é a verdadeira identidade da vida, bem como o bem-amado que ela espera desde há tanto tempo. O Espírito é a fonte, é o amor, é tudo***. E, embora o Espírito sempre tenha residido aqui, ele decidiu agora levantar os véus que têm impedido o pleno conhecimento da sua presença neste plano. É a partir do amor do Espírito que as imensas Forças da Luz agora estão se infiltrando por todos os sistemas terrestres. Fomos convocados aqui para participar da transfiguração deste planeta no glorificado lar do Espírito que ele se destina a ser.

Poderíamos prosseguir redefinindo interminavelmente a linguagem de vocês pois, no momento, há muito pouco acordo entre nós, exceto a respeito de palavras tais como cão e gato (e mesmo aí o acordo é menor). Uma vez que a filologia não é o objetivo fundamental deste manual, ou desta missão, deixaremos neste ponto a questão do significado, sabendo que a linguagem de vocês está em vias de mudar organicamente como conseqüência natural da iminente mudança em suas consciências.

2

Procedimento Transmutacional

MISSÃO DE CONTROLE

REGRAS PARA OS PADRÕES DISFUNCIONAIS

Passo I: Em Roma, Faça Como os Romanos

Quando de sua chegada ao plano da Terra, vocês tinham a instrução de cair completamente no sono — como ocorre com a população local. Vocês iriam esquecer por completo a verdadeira identidade de vocês e tudo o que sabiam.

Uma vez que a maioria de vocês ingressou neste planeta como bebês, isso não foi difícil. Cada uma das instituições da cultura apoiava essa perda de memória, e ela se tornou mais fácil à medida que os anos se passavam. Quaisquer deslizes inadvertidos da parte de vocês ocorriam, com mais probabilidade, durante a infância e eram facilmente descartados como resultado de um excesso de imaginação.

Uma vez que a imaginação ameaça a disfuncionalidade deste mundo, ela foi provavelmente expulsa de vocês o mais cedo possível pelos habitantes adultos do planeta.

Aquilo que os pais de vocês foram incapazes de suprimir, os sistemas escolares muito provavelmente liquidaram bem depressa, pois é essa a especialidade desses sistemas. Dessa maneira, os habitantes planetários locais, involuntariamente, ajudaram a manter o sigilo da presença de vocês e a segurança da missão.

Passo II:
Em Roma, Faça Como os Arturianos

Regras para o Comportamento em Terra

O II Passo do processo de transmutação não pode começar até que o I Passo tenha sido completado com sucesso. Em poucas palavras, vocês terão de ser capazes de passar por habitantes locais, e não lhes é permitido simplesmente trapacear. A total disfuncionalidade deve ser conseguida antes que o II Passo possa começar.

Quando os extraterrestres encarnados em missão no planeta Terra chegam finalmente ao ponto de não mais serem capazes de pedir a água que podem beber, o alimento que podem comer e o ar que podem respirar sem matar a si mesmos, isso significa que eles estão em vias de entender que o I Passo da missão foi completado com sucesso. Os encarnados tornam-se realmente Terráqueos, e o II Passo pode então começar.

Saindo do Cubículo

Talvez vocês se lembrem, obscuramente, do ditado: "Em Roma, Faça Como os Arturianos." Se não se lembram, não forcem a memória. Mesmo que se lembrem, a graça desse ditado pode não ser evidente de imediato. Esse cativante ditadozinho intergaláctico foi inventado para captar a essência do II Passo do processo de transmutação. Esse processo requer que vocês despertem para a verdadeira identidade de vocês e esqueçam tudo o que aprenderam até então, a fim de que possam se lembrar do que efetivamente sabiam antes de chegar aqui. Em outras palavras, vocês jogarão no lixo a identidade completa, que passaram toda uma vida para criar laboriosamente. Percebem agora por que dizemos que vocês podem não ter percebido a graça do tal ditado?

Todos os Caminhos Levam Para Fora de Roma

Sim, vocês entenderam corretamente o verbete anterior. Estão prestes a se desembaraçar da velha identidade e a se desassociar de uma Roma decadente. Depois de terem adormecido profundamente, espera-se agora que despertem, de maneira igualmente profunda. É agora a ocasião de desmontar toda falsa identidade. É agora a ocasião de esquecer o que foi aprendido, em consideração para com o que é profundamente conhecido. Começa agora o terrível processo de alterar a história humana. É agora a ocasião para tudo, e o agora é aqui.

(Consulte "Anomalias do Tempo/Espaço e Suas Funções Físicas", nesta seção, para um esclarecimento adicional a respeito do "agora". Veja também "Passando por Branco" e "Casos de Gabinete", em *Localização de Defeitos*, para algumas instruções de precaução a respeito dessa consciência emergente.)

Gentil Lembrete

Alguns de vocês estão provavelmente se perguntando por que foi escolhido um caminho tão tortuoso para se alcançar o destino desejado. A razão pela qual estão se perguntando isso é que estiveram neste planeta tempo demais, e absorveram parte de seu pensamento disfuncional, se não todo ele. Tenham em mente que este planeta não é modelo para o pensamento racional, e que aquilo que aqui passa por bom senso está provocando arrepios na espinha do resto do universo.

A necessidade de absorver a disfuncionalidade do planeta tem o propósito de desarmar legitimamente os seus padrões. Qualquer outro método constituiria uma invasão, *e nós não invadimos*. Nós alteramos depois de merecer o direito de fazê-lo. Não se permite a nenhuma entidade ingressar num mundo alienígena e desarmar seus padrões disfuncionais sem tê-los experimentado. Isto está em conformidade com a Lei Universal, que nós representamos.

Embora tenhamos ouvido transmissões vindas de muitos de vocês, gritando: "Invadam já! Contanto que me levem para fora daqui!", nós, lamentavelmente, lembramos a vocês que não era isso o que estava no contrato que vocês assinaram. Fugir daqui não é a questão. Trazer mais luz aqui *para dentro* é. Lembram-se disso?

ALGUNS FATOS INTERESSANTES A RESPEITO DE TRANSMUTAÇÃO

Ativação Pré-codificada

As entidades colocadas aqui como sementes e que constituem esta missão foram pré-codificadas para despertar na presente época. Isto significa que as estruturas de ADN foram geneticamente planejadas para detonar, como bombas-relógio, num momento escolhido, a fim de acomodar mais luz do que o atual modelo humano foi preparado para acolher. A época para a detonação genética é agora.

Anomalias do Tempo/Espaço e Suas Funções Físicas

A. A Mudança Dimensional: Neste momento, o planeta de vocês está passando por anomalias no que se refere a tempo e espaço. A maioria das pessoas tem uma sensação incômoda de que não há mais tanto tempo quanto costumava haver. Esse fato é usualmente expresso dizendo-se: "Meu Deus, o tempo voa!" O motivo para essa sensação de menos tempo deve-se ao fato de que *há* menos tempo.

Para que ocorra uma mudança dimensional, o tempo está ficando curto, impossibilitando a criação de uma nova dimensão de espaço. Por sua vez, o espaço está ficando pequeno demais para criar uma nova dimensão de tempo. Em outras palavras, a relação tempo/espaço, que determina a realidade tridimensional de vocês, está disponível para quem queira conquistá-la.

O "agora" é um acontecimento real. Ele não se refere apenas a viver no presente, embora isso seja recomendado com bastante ênfase. Está realmente ocorrendo uma deformação do tempo, e ela continuará a se acelerar até que o "agora" seja plenamente atingido, e que as dimensões possam finalmente se conectar, de modo muito parecido com o acoplamento de uma espaçonave num momento predeterminado.

Atualmente, há mais "agora" do que havia há poucos meses, e há ainda mais "agoras" a caminho. Quando a Missão de Controle ou qualquer um dos membros da aliança com ela afirmam que "o tempo é agora", estamos lembrando a vocês o acordo genético que vocês fizeram e que se trata de um acordo literal.

B. A Mudança Genética: Outro aspecto interessante dessa anomalia é o fato de os códigos de ADN terem sido ajustados para disparar "agora" antes de vocês partirem. Como podem ter notado, isso não aconteceu por ocasião do nascimento de vocês, ou em nenhuma outra ocasião, até o momento. Mesmo que tenham vivido ao longo de muitos "agoras", vocês ainda não viveram neste "agora". A mudança genética é disparada "agora" para acomodar mais "agora", e o grau do despertar de vocês está em relação direta com o grau de "agora" que vocês estão vivenciando, pois o "agora" determina esse despertar.

Nota: Numa situação de emergência, o "agora" pode ser realizado instantaneamente, e todos os códigos de ADN podem ser ativados simultaneamente. Isto assemelha-se um pouco à ação de recorrer às tropas de reserva, e, se possível, não lançaremos mão desse método. Temos preferência por uma abordagem mais orgânica. (Favor consultar o item "Procedimento de Emergência", em *Localização de Defeitos*, para mais informações.)

Desprogramação

À medida que a transmutação da estrutura genética for se desdobrando por todo o planeta, o programa genético pré-codificado que há em vocês será ativado. Por algum tempo, vocês começarão, cambaleantemente, o processo de se desprogramar dos velhos sistemas. A identidade de vocês começará a caminhar para fora da terceira dimensão, enquanto a personalidade e o ego de vocês poderão estar mais inclinados a se agarrar a um navio que afunda.

À medida que os velhos programas de um mundo moribundo começarem a se elucidar, vocês poderão sentir um pequeno desconforto, como se todo o mundo de vocês estivesse caindo aos pedaços. Pode ser útil lembrar, durante essa transição, que vocês são mestres interdimensionais, especialistas em transmutar realidades que se estão desintegrando. Vocês fizeram isso muitas vezes antes.

Debrifim*

Tudo aquilo por que vocês passaram durante sua residência no Planeta Terra é extremamente valioso para a Missão de Controle. O que nos interessa não são as informações referentes à natureza e aos efeitos da disfuncionalidade humana. Se isso fosse tudo o que queremos, bastaria simplesmente ler um jornal. No entanto, o fato de vocês terem de suportar a negação humana, este sim *é* de grande importância. Por quê? Pela seguinte razão: à medida que vocês forem se transmutando, todos os padrões disfuncionais que, de boa vontade, assumiram serão transmutados com vocês.

---

* Interrogatório a que são submetidos os pilotos e os tripulantes que voltam de uma missão aérea, a fim de se obter informações sobre os inimigos. (N.T.)

Embora possam não se lembrar, vocês concordaram em fazer isso para ajudar a Terra no seu processo de parto e nascimento na luz. A natureza do acordo foi a de que vocês, voluntariamente, transmutariam a negação que trazem consigo, o "quem" que lhes disseram erroneamente que vocês eram, e tudo aquilo que vocês vieram a representar humanamente. Vocês concordaram em transmutar tudo isso no próprio tecido que irá se tornar o novo vestuário de um mundo transfigurado. Conseqüentemente, esse processo de debrifim é muito precioso para nós, pois é um ato sagrado.

Sugestões Úteis Para o Segundo Advento

O Segundo Advento é iminente, e vocês também podem ficar preparados para ele. Esta é uma idéia particularmente boa porque vocês são ele. Vocês *são* o Segundo Advento. A Missão de Controle não quer insistir muito neste tópico porque estamos cientes do grande esforço que isso envolve, devido a 2.000 anos de negação organizada. Por esse motivo, daremos a vocês apenas mais uma sugestão útil: Tornem-se os seus próprios Messias — por que esperar?

Esta afirmação não só é *não*-herética como também resume toda a questão. É sobre isto que versa o processo de transmutação. A Missão de Controle não tem comentários adicionais a fazer.

3

A Missão

MISSÃO DE CONTROLE

A seção seguinte faz uso de muitos termos militares para descrever as atividades dos vários ramos desta missão. É importante que vocês se lembrem de que não estamos envolvidos em manobras militares no sentido que as pessoas deste planeta entendem esses termos. Não estamos aqui para forçar uma mudança, pois sabemos que pela força não se muda coisa alguma, e estamos interessados demais em mudança para nos limitarmos a testá-la. Não estamos em guerra, e não há inimigos para derrotar — mas apenas uma oferta de assistência amorosa às pessoas que viemos libertar.

A crença de vocês na existência do inimigo logo passará, à medida que este planeta transite para fora da terceira dimensão, onde reside essa ilusão. Não escolhemos a terminologia militar para alimentar uma crença fictícia num adversário externo. Apenas escolhemos esses termos porque tivemos de escolher algo, e todos vocês parecem muito familiarizados, e se sentem muito à vontade, com o pensamento militar. Esse modo de pensar de vocês foi a base para a analogia, acoplada com a necessidade que têm de uma estrutura mental. Essa terminologia não é, de maneira alguma, a expressão adequada de quem somos ou do que estamos fazendo. Infelizmente, qualquer outra analogia que pudéssemos ter escolhido seria igualmente inadequada, pois é praticamente impossível acondicionar uma forma de pensamento pentadimensional num invólucro tridimensional.

Se vocês não gostam da maneira como usamos essa linguagem, façam o favor de terem em mente que ela é exatamente o que é — a linguagem *de vocês*. É por isso que teríamos preferido que vocês se familiarizassem com este manual antes de chegar em mundos onde a comunicação é pura e onde uma interpretação errada é impossível. Estejam cientes de que, até ficarem plenamente despertos, há sempre um potencial para essa interpretação errada. Nosso conselho é proceder com cautela, e não interpretar de maneira errada as concepções mentais que apresentamos como se expressassem o significado pleno do que estamos dizendo. Além disso, tenham em mente que esta missão não é uma ameaça militar. Seu propósito exclusivo é ajudar vocês e o planeta de vocês a efetuar uma transição suave para o interior da luz, e sua motivação exclusiva é o amor.

Títulos de Empregos — Uma Visão Geral

Quando o processo do despertar for completado — e mesmo enquanto estiver se desdobrando — vocês devem começar a ocupar os seus postos. Para cada um de vocês, há um posto diferente. Está além do âmbito deste manual listar todas as descrições de empregos que vocês estão em vias de assumir, pois cada uma dessas tarefas é única e foi planejada tendo em vista a essência de cada um. Portanto, o conhecimento do propósito inato de cada um deve provir do íntimo de vocês. Vocês saberão, quando estiverem executando um desses trabalhos específicos, o momento em que ocorre uma profunda ressonância dentro do seu ser. A facilidade e a graça com a qual a vida flui é também uma clara indicação de que vocês estão sintonizados com a sua verdadeira função.

O que segue são amplas áreas das diretrizes da missão. Alguns tópicos estão sendo deixados deliberadamente de fora devido à natureza altamente sensível de vocês. O material contido nesta seção do manual será suficiente para ativar em vocês a memória a respeito dessas áreas que não são mencionadas. Estejam cientes de que este é um esforço de equipe; uma vez que não há duas posições idênticas, cada uma delas é indispensável. A Missão de Controle depende de todos vocês, do domínio e do treinamento total de cada um para executar as tarefas à mão. Que a Força esteja com vocês.

A OLP — Definição e Objetivos

Independentemente de suas tarefas específicas, todos vocês são membros da OLP (Organização para a Libertação do Planeta). Ela é uma organização espiritual, e não deve ser confundida com a OLP política, com base na Terra, que está constantemente nos jornais. Esse grupo, como a maioria dos movimentos políticos humanos, baseia-se no medo e é acionado pelo ódio, e, como tal, nada tem a ver conosco ou com o que estamos fazendo.

Não interpretem erroneamente essa afirmação como sendo o posicionamento da Missão de Controle a respeito do Oriente Médio. A Missão de Controle não tem posição política sobre coisa alguma. Temos uma posição espiritual, que encara a OLP de vocês com a mesma sensação de tédio e cansaço com que vê tudo o mais sobre este planeta — como mais uma manifestação de um mundo separado de sua fonte, de si mesmo, e de todos os outros. Utilizamos a OLP apenas como exemplo e porque os seus membros estão usando o *nosso* acrônimo.

O propósito efetivo da OLP é ajudar na verdadeira libertação deste planeta. Esta OLP está aqui para constatar que o último capítulo da história está sendo escrito. Roma deverá cair pela última vez, e a história cairá com ela. É isto o que se entende pela previsão segundo a qual o mundo está destinado a chegar a um fim.

A OLP — Sua Posição Histórica

O mundo de vocês vê a história como um registro de todas as coisas importantes que já aconteceram. Nada poderia estar mais longe da verdade. A história pouco mais é que a crônica distorcida das incessantes posturas do ego humano, cujo único propósito foi e é o de reforçar o estado de negação. Uma vez que o planeta decidiu que o "não" deixou de ser uma resposta aceitável, os tempos históricos não têm outra escolha a não ser chegar ao fim.

A menos que vocês sejam membros despertos da OLP, essa concepção pode ser difícil de engolir. Para o benefício daqueles que ainda não estão plenamente despertos, a Missão de Controle oferece alguns exemplos das falhas inerentes à história e que a estão levando para o seu término no tempo. É provável que esses exemplos sejam igualmente difíceis de engolir.

Prova A: Sem dúvida, vocês têm notado que as civilizações deste planeta apresentam ascensões e quedas com uma regularidade notável. Os relatos históricos desses eventos explicam de maneira invariável a razão para o declínio. No caso da queda de Roma, os historiadores apontam, como fatores que contribuíram para ela, a decadência moral e uma epidemia de envenenamentos por chumbo, o que é, mais propriamente, algo infeliz. No entanto, esses foram apenas os sintomas, e não a causa, da ruína de Roma.

A verdadeira razão para esse nauseante movimento de sobe-e-desce de todas as civilizações humanas, inclusive de Roma, é o fato de que as ideologias, os sistemas políticos e as estruturas sociais dessas civilizações falharam em libertar qualquer pessoa — em especial, a si mesmas — das garras do medo, cuja ação é parecida com a do vício. As civilizações caem devido a uma única razão: todas elas são construídas sobre o medo e a negação. Seus súditos subseqüentemente se perdem em orgias ou bebem e jantam chumbo para esquecer esse fato horrível, ou então para fugir dele o mais depressa que podem. E, como a verdadeira questão nunca é enfrentada, a escravidão humana continua ininterruptamente de uma civilização para a seguinte, o que garante o colapso definitivo de cada uma por sua vez. A história não está exatamente repetindo a si mesma — ela gagueja a respeito de um problema que não formulou.

Os norte-americanos são outro exemplo excelente dessa volta inexplicável à escravidão e ao malogro. Enganados pela Declaração de Independência, eles se fantasiam como pessoas livres. No entanto, têm uma voz que indaga onde será construída a próxima usina nuclear, em vez de indagar se ela deve ser construída, são capazes de comer qualquer coisa que queiram, qualquer coisa proveniente de uma cadeia alimentar totalmente infectada, e têm o direito inalienável de requerer uma prorrogação sobre o pagamento de impostos que estão sendo usados para matá-los; ora, não são exatamente essas as liberdades que os autores da constituição americana tinham em mente.

O fato de que suas prisões pessoais podem ser dispendiosas, decoradas com bom gosto e equipadas com uma vitrola estéreo, um televisor e um aparelho de vídeo não torna seus limites maiores que os de uma cela. Confundir vida com sobrevivência econômica não é liberdade; liberdade é liberdade com relação ao medo *e* à sobrevivência. Foi essa a liberdade que, originalmente, se pretendeu que floresceria nos Estados Unidos. Na verdade, o autor que está por trás dos autores da Constituição Americana é o Espírito — e não o Banco da América, a Reserva Federal ou o IRS*. A América, atuando a partir do medo, está diligentemente voltando as costas para o seu próprio destino e defrontando com uma falência iminente. Entretanto, está em boa companhia, pois o resto do mundo está fazendo o mesmo.

A Organização para a Libertação do Planeta é uma manifestação do Espírito, e está aqui para ajudar a América e todos os países deste mundo a se voltar para o seu futuro espiritual, e a encarar esse futuro, em vez de desabar culturalmente sob o peso da negação. A OLP está aqui para libertar a Terra dessa repetição histórica disfuncional de destruição e decadência.

---

* *Intermediate Reference System* (Sistema de Referência Intermediária). (N.T.)

Prova B: O período histórico tem feito pouco mais do que propagar mentiras. Mesmo que um relato histórico tenha precisão (o que ele geralmente não tem), o evento que ele decide descrever nada mais é que a encenação de uma mentira fundamental. Em conseqüência disso, qualquer verdade que a situação poderia conter fica invariavelmente perdida.

Um exemplo disso pode ser visto na interpretação da história norte-americana no que se refere à sangrenta conquista do Oeste. Cada relato dirá a vocês que o homem branco ganhou a guerra contra os índios bárbaros e selvagens. Esses relatos são não apenas descaradamente tendenciosos (e a mentira da separação que alimentou o evento é cuidadosamente escondida) como também o fato de que a nação indígena, supostamente derrotada, foi a verdadeira vitoriosa nunca é reconhecido, em absoluto.

Você leu corretamente a sentença anterior. Os índios ganharam a guerra contra o homem branco. A guerra era uma luta por supremacia espiritual, e não uma batalha para determinar quem subjugaria a terra. Os povos indígenas, que são representantes pentadimensionais, se sacrificaram com seu próprio sangue para assegurar que essa nação se tornasse o gigante espiritual que estava destinada a ser. Os livros de história são incapazes de registrar esse fato porque sua função é reunir, meticulosamente, material em defesa dos egos nacionais cheios de medo, egos nacionais que eles representam. Devido ao fato de servirem à autoilusão humana, os relatos históricos ignoram totalmente o movimento mais majestoso e mais profundo do Espírito, que é sempre a única verdade que está por trás de qualquer fato.

A Organização para a Libertação do Planeta está aqui para assegurar que a vitória pentadimensional efetivamente obtida pela Nação Indígena seja por fim demonstrada, e que os ferimentos tridimensionais recebidos nessa batalha sejam plenamente curados. Então a América assumirá sua verdadeira identidade espiritual e descobrirá o que significa realmente "Destino Manifesto".

Nota: Para aqueles de vocês que estão tendo problemas para digerir a verdade dessa afirmação, vamos apontar outro exemplo histórico. Se vocês acreditam que o Japão perdeu a Segunda Guerra Mundial, gostaríamos que dessem uma olhada na marca dos carros que correm pelas estradas do seu país.

A OLP e o Dia do Armistício

O fim da história não deve ser entendido como um acontecimento amedrontador. É a própria história que tem sido o acontecimento amedrontador. Seu fim é a libertação que exaltará a humanidade, em vez de despojá-la do seu poder. Quando o ego do planeta se alinhar com o Espírito, não haverá mais necessidade de se defender contra um inimigo que não existe. Nem será mais de nenhum proveito registrar cuidadosamente esse processo e, em seguida, transmiti-lo às gerações futuras como um modelo defeituoso que elas deverão imitar.

A Organização para a Libertação do Planeta está aqui para abrir um caminho energético até um estado de graça. Ao fazer isso, ela capacitará os habitantes do planeta a reivindicar sua libertação tanto de suas histórias nacionais como em relação às suas histórias pessoais, e também lhes dará a conhecer sua verdadeira riqueza espiritual e física. As festas que marcaram o fim de suas guerras mundiais ficarão parecidas com tranqüilas reuniões para o chá em comparação com a celebração global da paz e da libertação verdadeiras que marcarão a data do fim dos tempos históricos.

O Corpo de Engenheiros do Exército Estelar Unido

Muitos de vocês são especialistas em tecnologias pentadimensionais, e são membros do Corpo de Engenheiros do Exército Estelar Unido. Essa organização nada tem a ver com o outro Corpo de Engenheiros do Exército dos EUA, cujas tecnologias são estritamente tridimensionais e ficarão inúteis dentro de pouco tempo. Os membros do Corpo Estelar Unido são mestres em transmutação, em medicina vibracional de alta freqüência e em desarmamento disfuncional. O Corpo está aqui para trazer essas e outras tecnologias para este plano a fim de facilitar a alteração física e espiritual que atualmente está em andamento.

O Dilema 3-D: As ciências tridimensionais são mal equipadas para manipular a mudança aterrorizante que está ocorrendo agora porque não são verdadeiras ciências. Elas são pouco mais do que elaborados sistemas de medição que têm sido utilizados para dominar o meio ambiente por intermédio de uma compreensão errônea da energia.

A principal razão pela qual as ciências humanas têm sido incapazes de evoluir para além do nível de pseudociências está no fato de se basearem no medo e na manipulação, e não no amor e na criação. Outra razão pela qual elas geralmente não conseguem descobrir algo que valha a pena é que elas foram subornadas pelas indústrias que controlam o seu financiamento. Essas indústrias têm interesses investidos em não desenvolver uma coisa que libertaria o planeta da escravidão econômica. Portanto, elas criaram um programa de paridade* que está, efetivamente, pagando

* Em economia, equivalência entre o preço de uma mercadoria expresso numa moeda corrente e o seu preço expresso em outra. (N.T.)

cientistas para não descobrir nada que possa derrubar o atual sistema. Em conseqüência desses fatores, as ciências têm sido postas de lado numa posição isenta de poder efetivo, o que colocou, com êxito, um ponto final em qualquer futura realização científica tridimensional. Isso eliminou, em grande parte, qualquer papel significativo que elas poderiam desempenhar no processo transmutativo.

A Resposta 5-D: Devido à esfarrapada e gosmenta situação em que os cientistas da Terra se meteram, a maior parte do Corpo Estelar Unido não se encontra entre suas fileiras. Engenhosamente disfarçados como donas-de-casa, funcionários de escritórios, cabeleireiros, motoristas de táxi ou simpáticos repórteres, eles permanecem fora do domínio científico, preparados e à espera de serem chamados para entrar em ação. Essa convocação agora está sendo anunciada.

Ao contrário de sua contrapartida tridimensional, o Corpo Estelar Unido tem uma equipe de verdadeiros cientistas. As tecnologias desses cientistas baseiam-se no amor, na luz manifesta, e se constituem em autênticos atos de criação. Como suas ciências são artes criativas, elas não têm necessidade de desmontar sistematicamente a vida, de destruí-la numa tentativa de ver o que a faz fazer tique-taque. Em vez disso, participam com a vida, a fim de criar novas opções onde estas pareciam não existir. Uma das principais funções desse Corpo é oferecer livre passagem no trem expresso 5-D, do qual são engenheiros, o qual permitirá aos habitantes do planeta desembarcarem na quinta dimensão, vindos do local 3-D onde estão retidos a matraquear lentamente em torno dos seus cosmos crivados de medo.

Os representantes técnicos do Corpo Estelar Unido estão aqui para acompanhá-los na fronteira final. Essa fronteira é criação, e entrar na fronteira do espaço nada mais é que sua conseqüência natural. A chave para a viagem interestelar reside no domínio do processo de criação, e não em atos de conquista tecnológica. Esse domínio levará os habitantes do planeta para fora do seu estado de letargia. E, como resultado disso, também os transportará para fora do seu Sistema Solar, de sua galáxia e de sua dimensão.

O Corpo de Engenheiros do Exército Estelar Unido está aqui para abrir as portas a tecnologias ainda nem sequer sonhadas. Essas tecnologias são a legítima prole do Espírito, e não os filhos deserdados nascidos do casamento infeliz da manipulação com as aterradoras maquinações da mente. O Corpo está aqui para destrancar o portal para as estrelas, e para escoltar a Terra e os seus habitantes até o seu lugar legítimo e majestático entre as imensas forças criativas do universo inteiro, sem restrições e sem confins.

Filhos Adultos de Terráqueos Disfuncionais (ACODE)*

Filhos Adultos de Terráqueos Disfuncionais é uma expressão que pode não soar como uma categoria de emprego, mas é — e todos vocês estão nela. No entanto, alguns membros da Missão de Controle são especialmente bem dotados na arte do redespertar, e são especialistas em ajudar outros Terráqueos, que estão convalescendo, a fazer o mesmo. Denominam-se ACODE de Primeira Classe, e são peritos em reconhecer sua verdadeira magnificência.

Essa guarda avançada da ACODE é notável por demonstrar mudanças dramáticas na consciência em velocidades muito rápidas. Vocês saberão que fazem parte dela se a foto na sua carteira de motorista começar a parecer que foi tirada durante uma leitura de vidas passadas**, ou se parecer um instantâneo que alguém bateu num baile de máscaras no qual você não se lembra de ter estado presente.

Os membros da ACODE também são extremamente hábeis na "dieta-cósmica-para-rápida-perda-de-peso". Embora seus corpos físicos possam ou não refletir a eficácia desse regime, suas auras sempre a refletem. O primeiro e único passo nesse programa consiste em parar de

* Em inglês, *Adult Children of Dysfunctional Earthlings*. (N.T.)
** Referência às leituras mediúnicas de Edgar Cayce. (N.T.)

se esconder. Os membros da ACODE têm capacidade para fazer isso da noite para o dia — e despertar dando risadas ao pensar no valor do seguro social, em suas hipotecas e, especialmente, em suas supostas carreiras. Eles têm a singular habilidade de fazer sua presença plena irromper subitamente, assumindo sua soberania sem mesmo notificar os amigos e colegas a respeito do que tem ocorrido nas duas últimas semanas. Em conseqüência dessa habilidade, eles são indispensáveis quando se trata de desestruturar os planos disfuncionais de qualquer outra pessoa que esteja por perto.

Filhos Adultos de Terráqueos Disfuncionais é a linha de frente do Projeto de Renovação Planetária, da Missão de Controle, e seus grupos de apoio constituem a artilharia pesada da libertação humana.

As Unidades MASH

Os Hospitais Cirúrgicos Astrais Móveis, ou unidades MASH* estão estacionados por todo o planeta, e também fora do planeta. Suas equipes médicas são mestras em medicina interna interdimensional.

À semelhança do Corpo de Engenheiros Estelar Unido, os membros dessas unidades, em sua maioria, não se encontram no âmbito da profissão médica estabelecida. O

* Em inglês, *Mobile Astral Surgical Hospitals.* (N.T.)

conhecimento biológico que o processo da transmutação requer está além do alcance dessa profissão e, felizmente, além dos seus programas de tratamento. Se, por um feliz acaso, os doutores em medicina fossem capazes de diagnosticar corretamente a transmutação, provavelmente tentariam desenvolver uma vacina para detê-la ou uma droga para entorpecê-la. A Missão de Controle recomenda que vocês não tomem nenhuma das duas. Se os sintomas persistirem, aconselhamos, isto sim, que consultem o médico interdimensional local. Para fazê-lo, dirijam-se para dentro de si mesmos e peçam a linha de emergência da unidade MASH. Uma vez conectados, solicitem a ajuda de que precisarem. Um membro da unidade MASH responderá à chamada, em uma dimensão ou em outra.

Sintomas de Transmutação: Um dos sintomas de transmutação mais comuns é a exaustão, que em geral resulta num fenômeno denominado "vegetando para fora". Ele só é natural porque o corpo físico está rearranjando sua estrutura celular a fim de que ela acomode a mudança da cozinha de vocês, de hambúrgueres e batatas fritas para uma dieta de pura luz. Não fiquem alarmados com a fadiga resultante desse processo. Seria mais alarmante, dadas as condições de sua cadeia alimentar, se essa mudança não acontecesse.

Outros sintomas comumente relatados incluem os incômodos da "febre de transmutação", que o corpo emocional registra quando se vê desmontado, fumigado e remodelado. Não dê a essa condição importância excessiva, uma vez que o corpo emocional se opõe enormemente a todo esse assunto transmutacional, e tende a se lamentar de modo incessante. Por motivos semelhantes, o corpo mental poderá informá-lo de que está sofrendo de confusão terminal ao ver o Espírito assumindo o comando e imagina que está prestes a ser detonado. Isto, naturalmente, não é verdade, e pode ser útil lembrar a vocês que o corpo mental adora interpretar erroneamente e descrever erroneamente as coisas.

Se essa tática para confundir o adversário não funcionar, a mente também pode chamar a atenção para o fato de que, de repente, não consegue mais se lembrar de nada, como se isso fosse uma prova positiva de que a transmutação é algo terrivelmente perigoso e exige sua retirada imediata. Desconsidere esse relato. A verdade é que o passado está sendo removido como ponto de referência mental e substituído por modelos extáticos do futuro. A mente não consegue se lembrar de nada porque todos os dados inúteis estão sendo eliminados dos seus arquivos. O que ela percebe como sendo um perigo iminente é, na verdade, sua libertação iminente.

Por fim, é o ego e a personalidade que sem dúvida emergirão, entoando uma litania de lamentações que porão seus cabelos em pé se vocês lhes derem algum crédito. Não lhes dê ouvidos. Eles, como a mente, não têm pista alguma a respeito do que está se passando, e estão fazendo relatos, de maneira imprecisa, sobre a reconstrução de si mesmos, observada através da óptica da sensação pavorosa de que estão sendo abandonados.

Embora a maioria dos sintomas que vocês possam estar sentindo não tenha muita substância biológica, eles podem ser, ainda assim, incômodos e enervantes. A velha vida de vocês está morrendo e uma nova vida está emergindo. Esse processo pode causar uma boa dose de perturbações físicas, mentais e emocionais. Se um desconforto excessivo ocorrer durante o processo de parto e nascimento de vocês, façam uma checagem numa de nossas salas de recuperação atendidas por membros de nossa unidade MASH. Eles são especialistas em ajudá-los, com segurança, a se desintegrar em todos os níveis.

Curas Transmutativas: Não há curas reais para a transmutação, nem vocês devem querer que haja, pois a transmutação *é* a cura. Ela é um processo natural absolutamente necessário para o próximo passo da evolução. É também a única maneira pela qual vocês serão capazes de suportar o aumento do campo vibratório de energia no qual estão em vias de ingressar. O que há de mais parecido com um remédio para esse processo é facilitar e ajudar, de boa vontade, o desdobramento dessas mudanças vitais.

O consentimento voluntário é jurisdição do "paciente". A assistência está nas mãos competentes dos membros da unidade MASH. Seu pessoal tem uma função básica: estão aqui como profissionais altamente treinados para ajudar no processo de parturição planetária. São parteiras interdimensionais enviadas para ajudar a população do planeta e a esfera planetária durante o transcorrer do trauma e da dor que podem acompanhar esse ato apavorante do despertar espiritual. São especialistas no processo de transmutação, e estão equipados para manipular todas as complicações psíquicas, emocionais e físicas que a emergência de uma nova vida pode acarretar. Todas as unidades MASH, no planeta e fora dele, estão prontas e esperando todas as chamadas, que as levarão imediatamente às salas de parto.

(Para detalhes sobre alguns procedimentos cirúrgicos específicos, veja "Cirurgia Interdimensional do Cérebro" e "Cirurgia Exploratória do Corpo Emocional", na seção *Assistência*. Se vocês estão localizados no Canadá ou nos Estados Unidos, poderão contactar as unidades MASH indo para dentro de si mesmos e discando 911.)

Os Faladores em Código

Quase da mesma maneira pela qual os navajos usaram a língua nativa para passar a perna nos japoneses durante a

Segunda Guerra Mundial, os Faladores em Código desta missão têm uma tarefa e uma técnica semelhantes. A principal diferença está no fato de que a diretriz dos Faladores em Código foi alterada desde 1945. Sua responsabilidade agora é obter informações *para* os habitantes planetários em vez de tentar obtê-las *por meio* deles.

Utilizando suas línguas nativas, os Faladores em Código mais recém-chegados são capazes de transmitir informações interdimensionais vitais para as culturas que os cercam enquanto contornam as mentes e os modelos lineares dessas culturas. E, assim como a língua navajo era grego para os japoneses, as comunicações ocultas dos Faladores em Código são igualmente impenetráveis aos habitantes locais e, da mesma maneira, jamais serão decifradas. A Missão de Controle pode dizer isso com absoluta certeza, pois quebrar um código implica o fato de ser capaz de traduzir suas informações para o inglês ou para alguma outra língua linear. No caso desse sistema de código, isso seria como tentar forçar um objeto tridimensional a se alojar num plano bidimensional. Não é possível fazê-lo. O fato é que a Missão de Controle poderia chegar até mesmo a irradiar espalhafatosamente a chave desse código, e mesmo assim ninguém conseguiria descobri-la, pois o próprio instrumento que estariam utilizando para isso o impediria, absolutamente, de chegar até ele.

Os Faladores em Código estão posicionados, de maneira engenhosa, por todo o planeta, e sua função tem importância crítica para o sucesso desta missão. Por esse motivo, a Missão de Controle não liberará nenhuma informação adicional referente ao seu paradeiro ou às suas tarefas específicas. Isso é para a proteção deles, pois não podemos ter certeza de que algum "doido varrido" que, porventura, esteja lendo este manual, venha a considerar o falar em código como uma atividade antiamericana que mereça, de direito, outra inquisição nacional. De maneira semelhante, não podemos ter certeza de que algum empresário estilo *old age* que, porventura, também esteja lendo este material, acabe achando que descobriu uma oportunidade de ouro para incumbir qualquer um de dar voz a essa comunicação. Embora toda tentativa de interferir com os Faladores em Código seja, em última análise, uma iniciativa fútil, a Missão de Controle está sendo conservadora a respeito deste assunto, pois não gostamos de nenhuma interrupção em nossas linhas.

Se essa necessária ausência de detalhes e de informações específicas os deixa inseguros quanto à possibilidade de vocês serem ou não Faladores em Código, uma pista para isso pode estar na resposta de vocês a este manual. Se ele faz sentido pleno para vocês, e se pretendem colocá-lo na estante em algum lugar entre *The Wonderful World of Macramé* [O Mundo Maravilhoso do Macramé] e *Chilton's Complete Repair Guide* [Guia Chilton Completo para Consertos], este último para o seu automóvel, é muito provável que você seja um Falador em Código que está aqui para uma tarefa especial.

A Comunidade Bancária Interuniversal

Os membros da Comunidade Bancária Interuniversal estão aqui para ajudá-los a desaparelhar o que existe de errado na estrutura econômica deste mundo. São artistas no uso da moeda corrente de plástico, e estão armados com MasterCards verdadeiros, crédito ilimitado e o conhecimento de como dar preço a todas as coisas.

A base de seu domínio reside no completo entendimento que têm da natureza plástica da própria realidade. Eles não são confundidos pela forma; eles criam a forma. Eles sabem que a atenção que dedicam e que o fascínio que sentem constituem o fundamento da realidade que estão construindo; por isso, especializam-se em afastar a consciência da disfuncionalidade colocando-a na verdade espiritual. Como resultado dos seus esforços, brevemente estaremos em condições de apresentar aos habitantes do planeta um programa viável de recuperação econômica.

Esse programa requer o realinhamento deste planeta com o sistema de economia divina, de que a maioria do universo atualmente desfruta. A atividade da Comunidade Bancária Interuniversal ajudará na compreensão planetária de que vida alguma precisa merecer o direito de viver. Esta não é uma afirmação de heresia econômica; é uma afirmação de libertação com base na verdade. Uma vez que a população humana tenha recebido esse medicamento, a necessidade de sobrevivência cairá em pedaços, e, no lugar dela, florescerá uma abundância sem fim.

Agora a Carta Branca está sendo estendida a toda a espécie humana por meio do Banco Interuniversal, e seus banqueiros estão aqui para aprovar crédito humano ilimitado. A Missão de Controle sugere que você aplique logo.

O Conselho Intergaláctico dos Corretores de Imóveis

Os membros do Conselho Intergaláctico dos Corretores de Imóveis são especialistas na reaquisição de todos os bens imóveis planetários para futuro desenvolvimento como propriedade da frente espacial. Quando o Conselho assumir, muitos dos atuais senhores de terras serão despejados. Essa tomada de posse não implica que o Terceiro Mundo esteja a ponto de invadir os países de vocês e de ocupar os passeios arborizados dos seus *shoppings centers*. Significa que a sobrevivência acabou. Os sistemas do velho mundo estão em colapso. Os que quiserem continuar nesses sistemas serão gentilmente convidados a abandoná-los, pois o seu motivador, o medo, está sendo realojado num outro planeta, onde suas subdivisões ainda são bem-vindas.

O Conselho Intergaláctico dos Corretores de Imóveis já incluiu este planeta numa Listagem Múltipla Interdimensional para ser recolonizado pelas Forças da Luz. O Conselho está presente neste plano para cuidar que esse frenesi pela propriedade privada do planeta chegue ao seu fim natural, e que a ilusão da posse planetária seja substituída pelo legado da administração planetária. É esse o direito de primogenitura que se planejou. É essa a herança que resultará em verdadeira eqüidade e abundância neste precioso planeta.

A luz é a herdeira legítima da Terra. Nossos corretores de imóveis estão aqui para garantir que os termos do contrato sejam redigidos adequadamente, quando o legado for passado às mãos de seu legítimo herdeiro.

Os Atletas do Computador Cósmico

Alguns membros da missão trabalham na nossa divisão especial de computadores. Esses membros são especialistas na arte do interfaceamento interdimensional. São os Atletas do Computador Cósmico, e têm a capacidade de atuar, eles mesmos, como o próprio acoplamento entre as dimensões.

Esta divisão é especializada na tradução da linguagem binária tridimensional dos computadores num sistema lingüístico unitário pentadimensional. Embora qualquer especialista em computadores neste planeta diga a vocês que essa tradução é impossível, o que eles realmente estão querendo dizer é que eles não seriam capazes de fazê-lo. É por isso que eles não estão sendo consultados. Em vez disso, enviamos para aí nossos especialistas.

Outro aspecto da tarefa dessa divisão é levar a este plano novos *softwares* com programas que ninguém aqui jamais sonhou ser possível. Esses programas são pentadimensionalmente planejados e aplicam-se a cada um dos aspectos do processo transmutacional. Eles podem não só pôr em ordem os programas confusos e disfuncionais existentes como podem também realinhá-los com a nossa base de dados, que automaticamente os reprogramará de volta à luz.

Nossa equipe dos computadores está aqui para disseminar nossos novos *softwares* por toda a esfera do planeta, em preparação para o acoplamento dimensional final. Seus próprios corpos são os *chips* de silício da nossa matriz de computadores e sua presença é o teclado do nosso sistema. Eles são *hardwares* estado-de-arte e são completamente imunes a qualquer vírus de computador; são, além disso, muito amigos de seus usuários.

O Guerreiro do Arco-Íris

O Guerreiro do Arco-Íris é um guerreiro do Espírito, e cada membro desta missão é um Guerreiro do Arco-Íris. Em cumprimento de profecias dos nativos norte-americanos, forças intergalácticas e interdimensionais reuniram-se neste planeta e nesta época para libertá-lo em nome do Espírito.

Os povos indígenas são emissários pentadimensionais,

equipados com suas próprias linhas privativas com a verdade espiritual. Como muitas tribos prognosticaram, um poderoso espírito está agora retornando à Terra para erguê-la de sua decadência e de seu desespero, rumo a um novo e glorioso domínio governado pelo Espírito do Amor. Na visão nativa norte-americana, o termo "arco-íris" expressa que este deve ser um evento global, não limitado a tribos, nações ou raças. A maior verdade é aquela que não está nem mesmo limitada a este planeta. Todos os Universos da Luz têm enviado seus representantes para que abram um corredor em direção à era que começa, uma era de libertação e de vida. O arco-íris que representam está muito além de qualquer espectro luminoso que as pessoas deste planeta já viram, e suas cores são muito mais ricas e mais vibrantes do que a sombria luz da Terra tem até agora conseguido revelar.

Os Guerreiros do Arco-Íris constituem uma expressão viva da nova luz, enviada pela Missão de Controle em honra dos nativos norte-americanos, de suas profecias e de todas as suas relações. Os grandes Universos da Luz felicitam e saúdam nossa delegação indígena por um trabalho bem-feito. O Reino da Luz que eles previram está raiando neste mesmo instante, enquanto você lê estas palavras.

A Real Força Aérea Celeste

A Real Força Aérea Celeste é muitíssimas vezes maior do que todas as forças aéreas nacionais deste planeta reunidas.

É uma divisão do Alto Comando da Luz. Como tal, seu poder é maior do que qualquer força militar que este planeta já viu.

Todos os chefes de Estado importantes da Terra foram informados sobre a nossa presença e nos garantiram que nenhum de seus pequenos dispositivos para a Guerra nas Estrelas jamais teria a oportunidade de ser disparado. A razão pela qual vocês não foram informados desse fato é que as forças militares de vocês estão extremamente agitadas e fora de si devido à repugnante constatação de que suas armas de brinquedo são insignificantes. Eles também não querem que vocês saibam exatamente quão inúteis são, na verdade, os gastos militares prejudiciais ao ambiente. Para colocar a questão em linguagem ríspida e nos termos da Terra, eles estão protegendo sua própria burrice.

Nossa presença na arena do planeta não tem propósitos invasores. Se quiséssemos invadir, já teríamos feito isso há muito tempo. Cercamos este planeta com as nossas naves para formar um campo de ressonância a fim de ajudar a Terra no processo de transmutação. Nossas naves também estão aqui para proteger e para estabelecer comunicação com os membros de nossa tripulação em terra, os quais estão facilitando o processo de transmutação na superfície do planeta. Nossa tripulação está monitorando continuamente o nosso pessoal em terra na coleta de dados. Ela faz isso para ajudá-los no processo do despertar de vocês e para assegurar que alcancem, no devido tempo, seus respectivos postos. Temos a capacidade de convocar os membros da missão para as nossas naves, para instrução ou assistência, e fazemos isso constantemente.

Embora o poder da Real Força Aérea Celeste seja maior do que qualquer coisa que os habitantes deste planeta já viram, nosso amor também é maior do que qualquer coisa que esses habitantes jamais ousaram sonhar. A Terra não é ameaçada pela nossa presença; ela é exaltada, pois estamos aqui para ajudá-la a romper seus grilhões e a cumprir seu régio destino. Nossos esquadrões estão postados ao lado dela e a seu serviço, para lhe assegurar um parto seguro na luz.

Somos a Real Força Aérea Celeste, a serviço de toda a humanidade por amor.

(Este artigo é tradução de uma transmissão direta do Comandante-em-Chefe da Real Força Aérea Celeste.)

A Aliança Quark

Como membros desta missão e de sua equipe de transição planetária, vocês precisam estar cientes da presença da Aliança Quark. Embora não possam juntar-se a essa aliança, ela está se juntando a vocês, e por isso estamos incluindo um breve texto explicativo de sua função neste capítulo do manual, para conhecimento de vocês.

A Aliança Quark é uma organização muito poderosa,

cujo trabalho não é óbvio de imediato, pois sua jurisdição é subatômica. Sua presença e suas atividades são rejeitadas pela comunidade científica humana porque qualquer admissão de sua existência a forçaria a reconhecer que existe inteligência em lugares onde sua presença causaria espanto. Se a presença dessa Aliança fosse reconhecida, a falsidade do alto sacerdócio da ciência ficaria exposta, o que representaria um desafio ao seu conhecimento e ao seu controle. Uma vez que é improvável que a comunidade científica, voluntariamente, excomungue a si mesma, a negação da existência da Aliança Quark tenderá a continuar.

A Aliança Quark tem sido responsável por muitos malogros tecnológicos recentes, malogros que foram falsamente atribuídos a coisas tais como erro humano ou, de vez em quando, a fadiga do metal*.

Embora o erro humano nunca deva ser subestimado, a questão da fadiga do metal apenas insinua aquilo que está realmente acontecendo. E o que está acontecendo é comunicação consciente no nível atômico, a qual resultou numa decisão unânime de alterar o tecido do seu mundo físico.

O metal não está ficando "fatigado"; as moléculas é que estão. Na verdade, elas não estão apenas "fatigadas" — estão totalmente entediadas. Não querem continuar sen-

---

* Enfraquecimento e eventual falha e quebra de um material metálico ocasionado por tensões contínuas, repetidas e invertidas, e que passa a atuar após um limite denominado "limite de fadiga". (N.T.)

do criadas domésticas de uma tecnologia que manipula a negação da vida e coloca o planeta em perigo. Em conseqüência, estão decididas na sua recusa a cooperar, e com isso estão criando uma certa quantidade de devastação tecnológica. Por meio do trabalho da Aliança Quark, as partículas atômicas iniciaram seu realinhamento com as Forças da Luz, e estão em processo de rearranjar a realidade física enquanto puxam o tapete subatômico de debaixo dos pés da negação.

Notificamos vocês da existência da Aliança Quark para que não se surpreendam quando virem o tecido da física moderna desfiar-se diante dos olhos de vocês. Não prestem atenção às barricadas de tecnobaboseiras que, sem dúvida, ouvirão à medida que a ciência for tentando conservar seu poder em face da sua ruína. Na verdade, vocês poderão relaxar e desfrutar disso tudo, sabendo que se trata apenas do protesto passageiro da velha forma, que racha sob a força superior da luz ingressante. O que hoje parece confuso na superfície logo dará lugar a uma nova ordem repleta de harmonia, de cooperação e de júbilo.

Como mencionamos, essa lista de descrições de empregos não representa, em absoluto, todo o espectro da missão. Trata-se apenas de breves descrições de algumas das tarefas que alguns de vocês optaram por desempenhar. A profundidade e a amplitude efetivas da missão estão além da capacidade de descrição humana, pois foram arquitetadas em outra dimensão. Nesta dimensão, vocês terão de se satisfazer simplesmente com o conhecimento de que a Missão de Controle nunca faz as coisas de maneira superficial. Nossos planos e nossos programas abrangem cada forma de vida neste planeta. Por isso, prossigam com essa missão específica, com um propósito firme e um grande amor — e não se esqueçam de se manter em contato.

4

Localização de Defeitos

MISSÃO DE CONTROLE

A Missão de Controle reconhece que o processo do despertar é um tanto ardiloso. Mesmo que sejam codificados geneticamente para agir assim, por volta do momento em que atingirem o ponto de ativação, vocês ficarão totalmente convencidos de que são Terráqueos. É muito provável que estejam exibindo suas piores características e usando quaisquer de seus disfarces assustadores. Poderão ver a si mesmos na classe média, como homens que venceram na vida por esforço próprio, como mulheres que negaram a si mesmas, como pessoas em estado de confusão terminal, completamente satisfeitas, seguindo gurus, filiando-se a clubes de tiro, suando para pagar a hipoteca da casa, assistindo televisão, defendendo seu país, vendo-se comprados pela empresa onde trabalham, cuidando do gramado da casa, participando de sorteios por telefone, "vítimas" da religião, fazendo terapia, caminhando em círculos, preparando o almoço, advogando e/ou trabalhando para o Departamento de Energia.

Esta é, naturalmente, uma lista muito parcial das alarmantes possibilidades. Pode-se resumi-la dizendo-se que vocês terão sido, com sucesso, forçados a se pôr de joelhos

— não para manifestar reverência pela vida, mas pelo esforço incessante de se arrastar na escravidão pela sobrevivência. O medo, em qualquer uma de suas muitas formas, provavelmente terá conseguido derrubá-los de uma maneira ou de outra.

Além disso, muitos de vocês estarão na casa dos quarenta e em vias de declínio. (Lembrem-se, a maior parte desse grupo encarnacional ingressou logo após a Segunda Guerra Mundial — veja a definição de "*Crawl-ins*".) Isto significa que vocês podem ter recebido muitas medalhas, prêmios, troféus de boliche e diplomas que lhes foram conferidos (dependendo do nível de escravidão que vocês estocaram), além de todo o poder, de todos os postos e de todos os cartões de crédito que foram exibidos à frente de vocês para suborná-los, como cenouras penduradas na frente das carroças para pôr os burros em movimento. E, na pior de todas as hipóteses possíveis, vocês também poderão ter um corpo de homem branco que vive em Wilton, Connecticut, e comete o erro de tomar sua pasta de documentos como a sua identidade.

A tudo isso, a Missão de Controle diz: "Yikes!" Também dizemos: "Graças a Deus, vocês são o Cristo."

O que se segue nesta seção é um pequeno conselho útil em áreas que comumente são problemáticas e típicas de planetas disfuncionais. Embora o despertar elimine, de maneira simples e completa, a maior parte dos focos de perturbação, estamos cientes de que muitos de vocês são incapazes de fazer isso da noite para o dia devido ao grau de lavagem cerebral a que foram submetidos. Entretanto, nosso conselho é este: "Por favor, não se arrastem nesse processo por um tempo demasiado longo, ou poderão perder totalmente a missão." Aqui é a Missão de Controle. Vão em frente!

A Discrição Necessária

Quando vocês começarem a despertar interdimensionalmente, a Missão de Controle aconselha discrição. Mantenham uma atitude que chame pouco a atenção e sejam, em suas ações, tão discretos quanto possível, a menos que aconteça de vocês serem o próprio espalhafato. (É útil aqui um pouco de bom senso.) Isso é para a própria segurança de vocês. Não se esqueçam: as culturas deste planeta foram construídas sobre o medo. Elas têm medo de todas as pessoas, de todas as coisas e de *todas* as diferenças; além disso, elas matam em defesa desse medo.

Até agora, foi desnecessário, em ampla medida, que a Missão de Controle os acautelasse a respeito desse assunto, pois vocês não têm nenhuma pista de quem são e do porquê estão aqui. No entanto, quando começarem a sentir sua verdadeira identidade, sejam cuidadosos ao extremo. Por exemplo, dirigir-se a alguém e dizer, casualmente: "Oi, sou de Sirius — estou sabendo que você é um nativo" *não* fará com que ganhe amigos ou influencie muitas pessoas. Se tiver sorte, eles apenas pensarão: "Esse cara é doido." Se não tiver sorte, poderão colocá-lo atrás das grades.

Lembrem-se, vocês vieram até aqui para demolir o medo e não para trazê-lo à tona. Portanto, tenham cuidado com as conversas em coquetéis e não tentem alienar os alienígenas.

Casos de Gabinete

Embora vocês corram algum perigo por parte da população indígena, o maior perigo com que defrontam provém de outros extraterrestres que se recusam a despertar. A população alienígena local, em sua maior parte, estará inclinada a rejeitar a afirmação segundo a qual os extraterrestres estão no meio dela, aos milhões, como um trambolho de matéria biodegradável. Eles se sentem tão seguros de que sabem o que está acontecendo que, provavelmente, deixarão escapar o que está acontecendo até que já tenha acontecido. Devido à natureza unidimensional dos seus sistemas de crenças, é improvável que os nativos dêem início a alguma caça às bruxas.

Por outro lado, extraterrestres que estejam lutando contra sua codificação genética são um pouco mais perigosos, e é preciso aproximar-se deles com cautela. A probabilidade de que revidem aos socos e pontapés é maior do que no caso dos seus semelhantes animados de certeza absoluta. E se algum julgamento de bruxas aparecer na lista dos processos judiciais, foram eles, sem dúvida, que o colocaram lá, e designaram a si mesmos como juízes.

O Complexo de Messias

Quando estiverem despertando, há algumas armadilhas que gostaríamos que evitassem. A mais importante delas é o temível Complexo de Messias. Antes que os membros da missão estejam completamente firmes sobre os seus pés multidimensionais, esse complexo tende a ter algum encanto. A Missão de Controle gostaria de se deter um minuto na tarefa de torná-lo um pouco menos atraente.

Ser Cristo e pensar que se é Cristo são duas coisas diferentes. Se vocês apenas pensam que são Cristo, então agirão como pensam que Cristo agiria, o que, usualmente, implica a tentativa de salvar alguém.

Vamos esclarecer bem uma coisa: Esta missão não está destinada a "salvar" quem quer que seja. Todos os habitantes deste planeta são mestres. Até mesmo os alienígenas são mestres que estão aqui executando a brilhante tarefa de serem mestres na condição de alienígenas. Todos no planeta conhecem o jogo, e todos tomaram sua decisão. Se alguém optou por continuar como um mestre em limitação, este é um direito inalienável. Salvar pessoas de seus direitos não é o propósito desta missão planetária. E se há membros da nossa tripulação em terra correndo por aí com fervor messiânico, tentando resgatar pessoas do seu livre-arbítrio, não o fazem em conseqüência de algum pedido da Missão de Controle nem por via de qualquer mandato dos Conselhos.

A Terra optou por evoluir para além da limitação; entretanto, qualquer um que opte por continuar explorando esse processo está livre para fazê-lo — porém, não neste planeta. Será permitido que essas pessoas prossigam seus experimentos com a limitação em alguma outra propriedade planetária que se ache num estágio menos avançado de evolução.

Os membros desta missão escolheram ser mestres em expressão divina, e não mestres em limitação, e o que lhes está sendo solicitado é que neste planeta, vocês façam essa escolha agora. É particularmente importante que vocês se lembrem de que uma escolha não é melhor que a outra; uma escolha é tão-somente mais adequada a este planeta do que a outra. Não tentem, nesse estado de semivigília, e com base num entusiasmo mal orientado, "converter" alguém para a escolha que vocês fizeram. Em vez disso, *sejam* vocês mesmos essa escolha.

A Missão de Controle espera que os nossos membros respeitem a soberania e as decisões de cada um. Também esperamos que vocês sejam totalmente autênticos e irradiem sua essência divina. Dessa maneira, e não de outra, terão o poder de influenciar a escolha dos outros, levando-os a fazer o mesmo. A incorporação do Espírito por parte de vocês é o único ato que ajudará a missão no seu desenvolvimento suave e eficiente rumo à conclusão a que se destina.

O Peso da Responsabilidade Espiritual

O Peso da Responsabilidade Espiritual, assim como o Complexo de Messias, é uma armadilha: tomem cuidado para não serem apanhados nela. O problema com a Responsabilidade Espiritual está no fato de que ela é um subproduto da ambição espiritual; por isso, o melhor seria evitar a ambição espiritual.

Atos de ambição espiritual são, por sua própria natureza, destituídos de Espírito. O único resultado desses atos é afastá-los do Espírito e, conseqüentemente, da missão. Isso não quer dizer que não esperamos de vocês a realização de alguma coisa de conseqüência espiritual enquanto estão visitando este planeta. *Esperamos* que vocês causem um impacto espiritual, caso contrário não os teríamos enviado. Entretanto, preocupar-se com a "importância" desses atos os levará a assumir uma identidade inferior àquilo que vocês são.

Vocês estão aqui com uma diretriz básica: incorporar o Espírito a que servem. Se permitirem a si mesmos que a "responsabilidade espiritual" os ponha de lado, e que a "grandeza" de quem vocês são os leve a se perderem de si mesmos, vocês perderão, simultaneamente, a pista de sua *verdadeira* responsabilidade, e não serão capazes de cumprir os objetivos da missão. Lembrem-se de que vocês estão aqui para se tornarem uma expressão viva do Espírito. Nada do que vocês possam fazer ou dizer é um substitutivo aceitável para a tarefa de se tornar quem vocês realmente são.

A Síndrome da Cabeça de Frango

À medida que os padrões disfuncionais vão sendo desmantelados e que o medo vai sendo, sem cerimônia, expulso do assento do motorista pelo Espírito, vocês poderão sofrer a síndrome da cabeça de frango. (Nossas fontes indicam que vocês têm frangos neste planeta — pássaros indígenas famosos por correrem de um lado para o outro depois que suas cabeças foram cortadas. Este é o nosso primeiro contato com frangos, mas achamos que o comportamento deles é útil, e por isso rebatizamos essa síndrome em homenagem a eles.)

A síndrome da cabeça de frango refere-se ao fenômeno neurológico que um frango decapitado experimenta quando seu corpo continua a correr de um lado para o outro, freneticamente, como se algo ainda estivesse sob controle. Isso prossegue por alguns instantes, até que o conjunto de circuitos neurológicos apreende o fato de que o pássaro está oficialmente morto. É precisamente isso o que pode ocorrer quando o medo é eliminado de seus sistemas. Num comportamento neurologicamente padronizado, o medo pode continuar, por algum tempo, na marcha em que vinha seguindo, como se ainda estivesse no comando.

Vocês têm duas opções para lidar com essa situação.

Podem tratar esse comportamento residual da mesma maneira como notamos que vocês tratam as moscas. (Este é também o nosso primeiro encontro com moscas, mas parece que elas são, exatamente, tão úteis quanto os frangos.) Podem deixá-las zumbir à vontade até que se afastem por iniciativa própria, ou podem esmagá-las e acabar com o incômodo. A única coisa que nunca deverão fazer é identificar-se com elas.

O medo e o comportamento padronizado do medo não são, e nunca foram, a identidade de vocês. O medo é uma forma de vida parasitária que não tem mais nenhuma tarefa biológica a cumprir neste planeta. Se essa imagem for útil, pensem no medo como um fungo que veio do espaço exterior e invadiu com sucesso, eras atrás, os sistemas de vocês, os quais passaram a ser, desde essa época, seus hospedeiros. O medo não define o ser de vocês mais do que um caso de pé-de-atleta define o corpo de vocês. Assim, qualquer que seja o modo de ação que escolherem para lidar com essa síndrome, lembrem-se de que ela está quase no fim e de que vocês não são ela.

Integridade — Seu Cuidado e Sua Manutenção

Enquanto "*crawl-ins*" para esta missão, vocês, por definição, sofrem algumas desvantagens consideráveis. Quando lhes pedem para abandonar a cadeira de rodas, para adotar uma posição vertical, vocês poderão ser tentados a continuar sentados descansando sobre os privilégios da sua deficiência. A Missão de Controle gostaria de aproveitar este momento para ajudá-los a se firmar sobre os próprios pés.

A maior desvantagem a que vocês estão sujeitos provém do fato de que esta missão exige total integridade, ao passo que as culturas que vocês representam exigem pouca ou nenhuma. A razão disso é que as culturas da Terra têm uma coisa básica em comum: todas elas são disfuncionais. Uma vez que uma cultura decidiu quais aspectos disfuncionais quer representar, ela iça uma bandeira para declarar sua posição, empacota sua marca preferida de disfuncionalidade para consumo no lar e fora dele, e exibe essa mercadoria fraudulenta como uma herança nacional a ser ostentada com orgulho e protegida a qualquer custo. Já que vocês têm de alegar alguma nacionalidade para serem admitidos no lugar onde vivem, nenhum de vocês se privou de uma identidade que está, no mínimo, a um milhão de anos-luz e a 180 graus da verdade.

A tentação de continuar disfuncional surge do fato de que foi uma jornada exaustiva e árdua a que os trouxe até aqui; de qualquer modo, parece um desperdício simplesmente desistir. Devido a essa ilusão do desperdício, vocês poderão se ver agarrados a falsas identidades ou a relacionamentos co-dependentes que retardam a sua recuperação. Esses relacionamentos hipócritas, tanto consigo mesmos como com outras pessoas, baseiam-se numa cumplicidade disfuncional que nasce de um pedido degradante. Esse pedido pode ser mais bem expresso da seguinte maneira: "Por favor, não perturbem o meu senso de limitação. Aqui pode ser Auschwitz, mas é o meu lar."

O que é problemático com relação a manter esse "pacto" é o fato de que vocês não podem atravessar as portas da quinta dimensão arrastando malas disfuncionais, e não há estacionamento para deficientes físicos ou acesso para cadeiras de rodas que facilitem essa travessia. Toda falsa identidade terá de ser abandonada na alfândega, onde os pertences de vocês serão vistoriados para que não sejam contrabandeados estados de consciência proibidos. Esses estados proibidos incluem a desonestidade, a manipulação, todo e qualquer andamento vacilante e fingido, a recusa em abandonar a identidade de sobrevivência, e todo acordo profano feito às ocultas e nascido do medo e da negação.

A Missão de Controle está ciente da coragem exigida pelo realinhamento com a verdade, mas também estamos cientes de que ninguém será bem-sucedido em qualquer tentativa de contrabandear uma falta de integridade através da fronteira com a nova civilização que se aproxima. Sejam pacientes consigo mesmos e com os outros durante o tempo de reabilitação, mas sejam também escrupulosos, pois não há lugar para a fraude. E lembrem-se: desistir agora, voluntariamente, de suas muletas é, de longe, preferível a ser barrado na fronteira.

Discernimento

Nesta época de transição, sejam muito cuidadosos a respeito de quem ou do que vocês estão seguindo. Na verdade, se estão seguindo o que quer que seja, este é o primeiro indício de que estão no caminho errado. Para aqueles de vocês que ainda são discípulos de gurus, recomendamos discernimento.

Esta não é mais uma época de grandes mestres. Em vez disso, agora é uma época de grandes espíritos. Essa mudança de mestre/aluno para mestre (simplesmente) poderá causar um problema de desemprego temporário na Índia e em outros lugares, mas não fiquem alarmados. Os verdadeiros mestres da luz farão a mudança com facilidade, e darão boas-vindas à sua formatura, que está em vias de ocorrer, com o mesmo alívio com que dariam boas-vindas a uma muito merecida aposentadoria.

Outros de vocês consideram os gurus como coisa do passado, e estão, em vez disso, seguindo entidades desencarnadas canalizadas. Muitas de nossas forças tiveram acesso a este plano graças ao uso da canalização. Entretanto, não somos os únicos que aqui ingressaram dessa maneira. Há muitas energias desencarnadas que estão se mascarando como luz e entrando, na bolada global, com dois centavos de confusão. Não ter um corpo não equivale a ter um cartão de associado instantâneo que garanta, a quem o traga consigo, *status* entre as Forças da Luz. Há um número imoderadamente alto de entidades correndo soltas por aí neste exato momento, sendo ou não canalizadas, que não têm corpos e estão interessadas apenas numa oportunidade para usar e abusar de vocês. Uma chave importante para lidar com essas energias consiste em abordá-las como um mestre e não como um aluno. Se vocês se mantiverem na verdade dessa identidade, é muito improvável que sejam seduzidos por uma mentira.

Testem sempre as energias com as quais entram em contato para se certificarem de que elas não passam de parasitas quadridimensionais com predisposição para continuar no escuro. Se uma entidade se afasta deliberadamente da luz, e evita permanecer na presença dela, agindo como um vampiro que acabou de defrontar com um crucifixo, vocês podem ter razoável certeza de que ela não está a serviço das Forças da Luz. Tudo o que não consegue tolerar a luz não está presente na luz, e tem de ser levado *para* a luz o mais depressa possível. Verifiquem o comportamento dessa entidade, bem como suas formas-pensamento. Grande parte daquilo que vocês têm considerado como sendo produto da personalidade e da educação de vocês pode, na verdade, ser o comportamento de uma entidade da quarta dimensão que está sublocando o seu corpo.

Essa questão tem uma importância particular na atual época, pois há um grande número de perturbações na quarta dimensão que estão vazando para a terceira. (Favor consultar a segunda nota do verbete "OVNI", no Capítulo 1, para mais informações sobre as dimensões.) Essa é a infeliz conseqüência de um pequeno equívoco interdimensional. À medida que a quinta dimensão prossegue sua descida espiritual para a terceira dimensão, agora ela está atravessando as fronteiras da quarta. Alguns dos alienígenas mais sombrios da quarta dimensão acreditam que a chegada dessa luz é uma ameaça, e reconhecem, de maneira equivocada, sua transformação iminente como sendo uma perigosa investida bélica. Em conseqüência disso, vários deles formaram um movimento de resistência, que está lutando para recuperar o terreno perdido, mesmo que não estejamos lutando com eles, em absoluto. O caos temporário que isso tem causado está fazendo a quarta dimensão parecer uma briga barulhenta no bar de *Guerra nas Estrelas*, e alguns de seus refugiados desencarnados abriram caminho para a terceira dimensão. Aprendam a reconhecer essas energias e fiquem longe delas.

Se uma entidade desencarnada está manipulando vocês de algum modo, ou se ela quer que vocês a sigam ao preço de sua liberdade, essa entidade não faz parte da nossa equipe e não traz no seu âmago os melhores interesses que os animam. Qualquer energia que não esteja contribuindo para a realização da grandeza e da maestria de vocês não faz parte desta missão e está a serviço das forças das trevas. Se uma entidade deixa de satisfazer esse critério, escolte esse ser até a luz.

Graças ao seu alinhamento com a luz, vocês estão numa posição superior com relação a essas forças temporariamente confusas. Vocês têm o poder de subjugá-las e, amorosamente, conduzi-las para a luz. Vocês podem fazer isso identificando as entidades, quebrando quaisquer acordos que possam ter feito com elas e, por meio de uma visualização interior, conduzi-las para a luz. Essa iniciativa servirá para ajudar a missão na sua descida pacífica e eficiente através da quarta dimensão, enquanto apressa sua aguardada emergência na terceira dimensão.

Não interpretem erroneamente esta informação. A *luz* é que é superior a essas forças quadridimensionais e não suas encantadoras personalidades. Se se opuserem a elas como se *vocês* fossem superiores, isso terminará, invariavelmente, num fracasso retumbante. Recorram à Força da Luz em todos os seus procedimentos com essas energias. O sucesso será então garantido, e haverá, subseqüentemente, menos confusão para pôr em ordem.

Nota: Algumas de nossas unidades de Forças Especiais têm publicado matérias contendo informações sobre tecnologias destinadas a ajudá-los durante esse período crítico de transição. Se estiverem interessados, é favor escrever para nós na Missão de Controle, e faremos com que recebam informações a respeito de suas publicações. Nosso endereço aparece junto ao "Formulário para o Recenseamento Extraterrestre", no final deste livro.

Instruções de Pouso

Alguns de vocês se encontram num tal estado de choque por se acharem na terceira dimensão que, em protesto, se recusam a aterrissar. A Missão de Controle gostaria de salientar que vocês são inúteis para a missão se ainda estiverem girando em torno do planeta num padrão de espera. Também gostaríamos de salientar que foi escolha de *vocês* alistar-se nesta missão, e não nossa.

Com base em suas frenéticas transmissões, deduzimos que vocês, apreensivamente, temem se envolver em qualquer coisa que "eles" pareçam estar fazendo neste planeta. Embora compreendamos sua ansiedade, preferiríamos discutir o perigo iminente a que ficarão expostos *depois* que fizerem sua aterrissagem.

Tecnicamente, a Missão de Controle não pode interferir com o livre-arbítrio de vocês; então podemos transferi-los. Vocês poderão ser transferidos, se assim o quiserem, para outro planeta não-integrado. Infelizmente, a maioria dos postos que estamos abrindo neste exato momento faz com que, efetivamente, esse lugar pareça bom. A simples menção da possibilidade de reinstalá-los no acampamento para recrutas no Planeta X é, em geral, suficiente para persuadir a maioria de vocês a deixar os céus e prosseguir com a missão. No entanto, se ainda estiverem relutantes em abordar a Terra, por favor, entrem em contato com o Controle de Vôo. Talvez eles possam persuadi-los a pousar.

Choque Cultural

O choque cultural será inevitável quando vocês começarem a despertar para a nossa presença, bem como para a sua própria. Embora vocês já sejam veteranos viajantes das dimensões, o conhecimento de sua verdadeira identidade terá o impacto de um *news flash** no âmbito de sua consciência tridimensional. Esse impacto de reconhecer que a natureza de cada um de vocês é multidimensional provocará ondas de apreensão que irão se propagar através do seu senso limitado de eu, o que dará à perspectiva de uma súbita viagem a Calcutá, realizada quase sem possibilidades financeiras, um atrativo muito maior. Mesmo que seja apenas a segurança da sua insegurança que esteja em risco, tentem dizer isso ao seu corpo emocional. Este poderá estar mais inclinado a se atirar de um penhasco do que a lidar, como adulto, com essa mudança vibracional emergente.

O choque cultural é temporário, mas nós o mencionamos para que vocês possam estar preparados. E embora estejam na rota desse choque, fiquem alertas para um choque adicional: a Missão de Controle é povoada por uma equipe, em grande parte, não-humana. A raça humana é uma raça-raiz, que se estende ao longo dos mundos, mas

---

* Interrupção de um programa para a transmissão de uma notícia importante de última hora. (N.T.)

é apenas uma dentre muitas. Para um povo que ainda não se ajustou às diferenças existentes no âmbito de sua própria espécie, nossa presença pode parecer um alarmante ato de fraternidade que vocês estão sendo instados a defrontar.

Se isso representa algum consolo, muitos de vocês, nesta missão, estão apenas *disfarçados* de humanos para garantir a segurança desta transição planetária. Esperamos que esta informação ajude a personalidade de vocês a fazer seus ajustes, mesmo que ela não agrade os seus sistemas emocionais bloqueados. Além disso, tenham em mente que o choque cultural de despertar multidimensionalmente não será, nem de longe, menos terrível do que o choque que sentiram quando acordaram pela primeira vez e viram que estavam aqui.

O Efeito Ioiô

O efeito ioiô é um nome que inventamos para descrever as mudanças físicas e emocionais que vocês poderão sentir quando o processo de transmutação, num solavanco, começar pra valer. A transmutação celular é necessária para acomodar o salto evolutivo para a luz, mas, como esse processo é físico, existem alguns sintomas que o acompanham, com os quais seria bom que vocês se familiarizassem.

Haverá, provavelmente, momentos de exaltação, quando vocês sentirem a torrente de luz que chega penetrando em seus sistemas. Entretanto, esses momentos são, com freqüência, seguidos por súbitos impactos de energia — impactos que podem ser sentidos pelo corpo, pelas emoções e pela mente quando vocês oscilam de volta, temporariamente, para a velha realidade. Não confundam isso com o estado maníaco-depressivo. Trata-se apenas de um caso de êxtase seguido pela insistente recusa de vocês que teimam em voltar à fossa que é tão própria desse estado e tão apreciada por ele.

Os sintomas físicos que acompanham esse processo diferirão de pessoa para pessoa, mas é possível que ocorra alguma combinação de dores aqui e ali, inclusive o desconforto de perturbações nervosas e um começo de fadiga. A Missão de Controle não sugere que vocês saiam por aí correndo à procura de cada médico da cidade, tentando imaginar o que é que vocês pegaram, a menos que disponham de um capital ilimitado. Nosso conselho é simples e melhor do que qualquer outro que poderiam receber: sejam pacientes consigo mesmos. Esta é uma ótima dica. Se vocês sentem alguma perturbação, basta tomar um par de pílulas de luz, ir para a cama e nos chamar de manhã, depois de acordar.

ϟ

Para mais informações sobre sintomas e curas transmutacionais, favor consultar "As Unidades MASH", no capítulo *A Missão*.

Desdobramento de Tropas

A Missão de Controle tem uma visão geral e um objetivo; no entanto, não tem um plano de batalha. Uma razão para isso é que não estamos numa batalha. Outra razão é que todos os nossos movimentos são dirigidos pelo Espírito, e mudam constantemente em resposta às solicitações do Espírito. Por esse motivo, é preciso que vocês também estejam prontos para alterar seus planos de acordo com o Espírito e, a qualquer momento, se dirigirem para onde são convocados. O que era verdadeiro ontem pode não ser verdadeiro hoje. Vocês precisam aprender a confiar no Espírito para receber suas instruções atualizadas até este exato momento.

Essa confiança no Espírito é a missão. É também a linha direta de vocês com a Missão de Controle e com todas as suas forças. (Lembrem-se, a Missão de Controle *não* é uma autoridade externa. Somos um serviço, tanto externo como interno, que lhes recomenda vigorosamente que não procurem conselhos junto a autoridades externas.) Ninguém, a não ser o Espírito divino, pode dizer a vocês a verdade de vocês, onde vocês devem estar ou o que deverão estar fazendo. A autoconfiança espiritual é a mudança essencial na consciência, e a missão está aqui para ajudar a implementar essa mudança. É também a mudança que vocês, pessoalmente, concordaram em fazer em nome deste planeta. Nós os exortamos a ficarem preparados. Estejam alertas e ouçam, pois aos tropas do Espírito estão em processo de desdobramento.

Procedimento de Emergência

Na eventualidade de uma emergência, a Missão de Controle tem forças de reserva prontas para entrar em ação. Temos também a capacidade de ativar simultaneamente todos os códigos genéticos dos membros da nossa tripulação em terra, e de convocá-los de imediato para suas respectivas posições. Como mencionamos antes, essa linha de ação não é prioritária por causa do choque causado por esse processo. Muitos sistemas nervosos ainda não estão preparados para lidar com um repentino surto de energia dessa natureza, o que poderia resultar em alguma perda de tropas.

A Missão de Controle não quer descrever as emergências que nos levariam a provocar a ativação prematura de todos os membros das unidades fora do planeta e na sua superfície. Não queremos que a atenção de vocês fique voltada para esses assuntos, pois o fato de vocês se preocuparem com eles pode provocar a sua ocorrência. Portanto, deve ser suficiente para vocês saber apenas que há tripulações de emergência em estado de prontidão. Elas estão preparadas para ajudar o planeta caso o processo de parto se torne muito difícil em algum aspecto. Como foi afirmado anteriormente, estamos aqui para garantir o parto seguro deste planeta para dentro da luz. Qualquer medida necessária está dentro da nossa jurisdição e da nossa capacidade. Isto é tudo o que nos preocupamos em dizer sobre essa questão no momento.

Infortúnios da Missão

Este é outro tópico sobre o qual a Missão de Controle não quer se estender, pois a atenção dirigida para a lista dos desastres só servirá para aumentá-la. Tudo o que diremos sobre essa questão é que todas as missões aos planetas disfuncionais têm os seus perigos. Alguns membros da missão se acidentaram de fato no solo e poderão não se recuperar suficientemente a tempo de completar suas tarefas. Outros ficaram tão enredados na sua disfuncionalidade que esqueceram por completo em que ponto assumiriam seus postos em primeiro lugar. Ainda há tempo para retificar alguns desses infortúnios; entretanto, em alguns membros da missão, a forma física é crítica e seu prognóstico não é muito bom.

Embora apenas uma fração muito pequena da nossa tripulação em terra esteja em apuros, gostaríamos que esses membros soubessem que os danos que têm sofrido não são uma indicação de fracasso aos nossos olhos. Lamentamos que haja algumas baixas, mas é impossível garantir total segurança a todos os participantes da missão, pois tal garantia seria uma violação do livre-arbítrio e da divina soberania dos membros da missão. A Missão de Controle gostaria que os nossos membros feridos soubessem que seus esforços têm sido profundamente apreciados, e que muito mais coisas do que Corações Púrpuras* os esperam quando voltarem para casa.

* O *Purple Heart* é uma condecoração militar concedida a todo membro das Forças Armadas ferido em ação. (N.T.)

5

Assistência

MISSÃO DE CONTROLE

A função deste capítulo do manual é ajudá-los a se lembrar da vastidão da comunidade de onde vêm e da assistência amorosa que os membros dessa comunidade estendem de boa vontade a todos vocês. Sabemos que vocês espoderão se sentir solitários no estreito e fechado beco espiritual deste planeta. Mas lembrem-se de que esse é apenas um sentimento, e não um fato. Por favor, lancem mão dos recursos que constituem seus direitos inatos e saibam o quanto são amados. Esta é a Missão de Controle, em nome de todas as grandes Forças da Luz, inteiramente a serviço de vocês.

Ajuda Externa

Ao longo de todo o processo do despertar e para além dele, vocês têm o direito de pedir ajuda à Missão de Controle, aos Membros do Conselho, a todas as Alianças, Federações e Confederações da Luz, aos Mestres Ascensionados e a todos os reinos deste planeta. Estes são apenas alguns dos recursos de que vocês dispõem. Vocês são membros importantes desta missão, e nós os instigamos a exercer os seus direitos. Isto não se destina apenas à sua proteção; é o próprio meio por cujo intermédio energias de dimensões superiores podem, legitimamente, ganhar acesso a este plano.

Como afirmamos antes, *nós não invadimos*. Entretanto, quando um membro desta missão ganha *status* de Terráqueo graças ao fato de viver de acordo com ele, e então solicita intervenção ou apoio interdimensional, podemos legitimamente responder a essa solicitação sem violar a Lei Universal. Dessa maneira, nossa presença continuará a se infiltrar neste planeta com o propósito de colocá-lo em sintonia com o grande Universo da Luz. Esperamos que esta informação deixe bem claro que a recomendação "E.T., telefone para casa"* é, de fato, muito razoável.

Reforço Moral

A Missão de Controle está ciente de que muitos de vocês estão bastante abatidos e desencorajados com esta missão. Com base na informação de vocês, sabemos que as coisas parecem bastante desanimadoras e desoladas aí embaixo. Observar sistemas de mundos em decadência, insanidade ambulante no comando, a contestação correndo solta e descontrolada, a humanidade forçada a engolir mentiras e vio-

* Pedido que o E.T. do filme de Steven Spielberg faz ao seu amiguinho humano diante do telefone. (N.T.)

lência, e uma biosfera moribunda não é, provavelmente, a idéia que vocês têm de um bom tempo.

Tentem lembrar-se de que, embora possam ser imensamente excedidos em número neste planeta, vocês pertencem a uma família mais ampla, que constitui, de longe, a maior parte do restante do universo. Alinhem-se com a herança de vocês, lembrem-se do direito inato que vocês têm e estejam certos do seu destino. Vocês são filhos das estrelas, gerados pela luz, e a realidade de vocês é a realidade superior. Os estragos e a corrupção que vêem ao redor de si nada mais são que a coreografia final da última dança do velho mundo, e a prometida regeneração deste planeta é apenas a manifestação final de uma campanha militar que já obteve a vitória.

A Cura da Fadiga de Batalha

A melhor cura para a fadiga de batalha é não guerrear. Embora vocês possam achar difícil deixar de introduzir um pouco de juízo na precipitação para a morte que vêem ao redor, como ocorre com os lemingues*, *não* intercedam. O velho mundo está morrendo. Ele deve desabar, e desa-

* Mamíferos roedores de regiões montanhosas setentrionais cujas migrações em massa resultam, freqüentemente, em morte coletiva no mar. (N.T.)

bará. O melhor que vocês podem fazer é permitir que ele morra o mais dignamente possível.

Tudo aquilo em que vocês colocam a atenção aumenta. Para o bem do ecossistema e da nova civilização emergente, afastem a atenção de vocês do processo de morte e a coloquem, em vez disso, no processo de nascimento. A atenção mal colocada apenas atuará no sentido de prolongar a agonia do fim e de retardar um futuro inevitável e glorioso.

As Forças Especiais

Como não temos um milênio à nossa disposição, a Missão de Controle não deixou o processo do redespertar apenas nas mãos de vocês. Alianças, comandos e equipes de transição têm sido enviadas para facilitar o despertar de vocês e para ajudá-los a sair do estado de coma. Por favor, fiquem à espreita dessas energias.

Vocês serão capazes de se identificar com as Forças Especiais, fundamentalmente, por meio de uma resposta interior, dirigida a elas, a qual foi pré-codificada na estrutura de seus ADN antes de partirem. Independentemente de quão "racionais" vocês acham que são, irão se flagrar estranhamente interessados nas coisas inacreditáveis que elas estão dizendo, sem saber por quê.

As Forças Especiais são distinguíveis das organizações com base na Terra pelo fato de que não mentem, não são indecisas e não querem seguidores. Elas não permitirão que vocês as usem para tomar o lugar de sistemas de crença religiosa esgotados, baseados no medo e drenadores de energia. Elas insistirão na soberania de vocês, recusarão o papel de autoridades externas e não permitirão que vocês lancem por terra a responsabilidade ou o poder de que vocês estão investidos. Seu propósito é claro e simples: estão aqui para ajudá-los a tornar manifesta a plena presença de vocês, de modo que assim possam dar-lhes apoio na co-criação de uma nova realidade com os seus iguais.

Outro aspecto característico das Forças Especiais é um senso de humor bem desenvolvido, que também as distingue da maioria dos grupos "espiritualistas" com base na Terra. A tarefa dessas Forças pode ser facilitada graças aos *walk-ins*. Eles podem utilizar formas de arte, tais como a dança, linguagens interdimensionais traduzidas em sons, ou qualquer outra coisa de que possam lançar mão para enganar seus sistemas lingüísticos bidimensionais lineares. Eles são especialistas no processo de transmutação e utilizam tecnologias de outras dimensões para eliminar padrões inadequados.

O objetivo básico da Missão de Controle é completar com sucesso esta missão com um mínimo de perdas possível. Por favor, não ignorem as Forças Especiais que foram enviadas para benefício de vocês. Elas são os Boinas Verdes desta missão.

Cirurgia Interdimensional do Cérebro

Não fiquem alarmados com o assunto deste item. A única dimensão na qual a cirurgia cerebral é perigosa é a terceira. Em todas as outras dimensões (sem contar a primeira, a segunda e a quarta) ela é perfeitamente oportuna, e, na prática, não há casos de erro médico. A cirurgia interdimensional do cérebro é outra forma de ajuda que oferecemos a vocês.

Esse procedimento cirúrgico nos permite reorganizar padrões cerebrais disfuncionais, substituir fiações que tenham sofrido curto-circuito devido a sobrecargas de formas-pensamento enguiçadas, curar todas as infecções de vírus de computador que o cérebro de vocês possa ter contraído e trocar os fusíveis existentes por um equipamento mais resistente, a fim de garantir que nada exploda quando a luz chegar.

No entanto, para entrar em ação, precisamos da permissão de vocês, num nível ou em outro — permissão consciente, de preferência. Até mesmo a profissão médica humana chegou a esse ponto, e em geral vocês têm de assinar uma autorização antes que eles quase cheguem a matá-los, ou realmente o façam. A diferença com relação ao pedido dirigido a nós está no fato de que ele não é motivado pelo medo de cair nas garras da justiça, mas sim pelo nosso total respeito pela soberania de vocês.

Para aqueles dentre vocês que estão relutantes, em qualquer nível, em nos dar essa permissão para que possamos fazê-los entrar na faca, podem ficar tranqüilos: não usamos facas. Também pode ser útil saber que ainda não perdemos um só paciente. A Missão de Controle aguarda a decisão de vocês.

Cirurgia Exploratória do Corpo Emocional

Ao contrário da cirurgia interdimensional do cérebro, vocês têm razão em ficar alarmados com o assunto deste item. Em resposta à pergunta: "Vai doer?" a resposta é: "Vai." Esse procedimento cirúrgico requer participação consciente, e não pode ser realizado sob efeito de anestesia. Na verdade, muitos de vocês terão de sair do efeito da anestesia sob o qual normalmente se encontram para poderem participar.

Se vocês têm prazer em ir até onde nenhum homem ou mulher jamais esteve antes, e se não se deixarem dissuadir por uma difícil jornada através do seu próprio pântano interior, essa cirurgia apresentará pouco ou nenhum problema. No entanto, se são melindrosos quando se trata de viajar por repulsivos terrenos envoltos em trevas, sugerimos que endureçam, pois não há maneira de contornar esses terrenos. Luz e escuridão não podem coexistir no mesmo lugar ao mesmo tempo.

Embora a cirurgia emocional exija alguma coragem, a Missão de Controle gostaria de lembrar-lhes que ninguém, em sã consciência, teria se alistado para esta missão se lhes faltasse coragem. O fato é que a única coisa mais dolorosa do que passar por esse procedimento é *não* passar por ele. Nossa equipe cirúrgica está à disposição de vocês e pronta para ajudá-los a enfrentar esse processo.

Licença Para Criar

Se vocês ainda não têm Licença para Criar, sugerimos que solicitem uma imediatamente. Garantimos que ela chegará a vocês muito facilmente assim que tentarem realizar aquilo que vieram fazer aqui.

Quando nos enviarem seus pedidos, não se esqueçam de indicar o nível de criação que acham que são capazes de manipular. Tão logo os receba, a Missão de Controle verificará em seus arquivos se a classe de licença que vocês solicitaram bate com os seus dados referentes às habilidades criativas com que vocês podem lidar. Mesmo que a Missão de Controle já saiba a resposta, pedimos sua auto-avaliação apenas para checar a maneira como entendem o papel que desempenham no processo de co-criação.

Na maioria dos casos, o tipo de licença que solicitarem estará bem abaixo do nível que podem manipular, caso em que lhes será providenciada uma Licença de Aprendiz. Por favor, não se sintam ofendidos se for esta a licença que receberem. Ela é provisória e será substituída pela verdadeira tão logo vocês despertem plenamente para sua capacidade de criar. A Licença de Aprendiz é, simplesmente, uma precaução de segurança. Uma Licença para Criar definitiva exige total controle consciente da realidade que vocês estão planejando. Ela também garante a vocês privilégios para "dirigir" fora desta dimensão. Infelizmente, perder o controle do próprio veículo interdimensionalmente pode causar um acidente de trânsito ainda pior do que aqueles que costumam ocorrer no âmbito relativamente seguro deste planeta.

Embora a Missão de Controle não exija que vocês façam exames escritos, um teste de coordenação coração/mente é obrigatório. Este exame indispensável lhes será aplicado em outra dimensão pela nossa equipe DMV. Além disso, ao requisitar a Licença para Criar, vocês não precisam especificar se usam óculos, lentes de contato ou se são oficialmente cegos. Digam-nos apenas se vocês podem ver; isso é tudo o que queremos saber.

Nota: Se quiserem requisitar uma licença, recorram, por favor, ao Formulário para o Recenseamento E.T., na parte final deste livro, onde encontrarão nossos endereços.

Legislação Recente

Uma vez que o tempo está quase no fim (e sem ele é impossível viver a vida com base no velho plano "leve agora, pague depois"), os Conselhos Estelares votaram, por unanimidade, pela rejeição da Lei do Karma. Isto aconteceu porque a Missão de Controle chamou a atenção dos Conselhos para o fato de que não havia sobrado tempo físico suficiente para satisfazer as exigências da Lei do Karma e, ao mesmo tempo, cumprir o nosso prazo final de transmutação. Em conseqüência disso, os Conselhos decidiram que seria mais fácil se livrar da coisa toda do que imaginar um meio de satisfazer suas exigências. Outra razão pela qual os Conselhos foram levados a essa decisão é que os Registros Akáshicos estão quase cheios. O pensamento de ter de acrescentar outra ala e aumentar a equipe de sua biblioteca era mais trabalhoso do que os assuntos com os quais os Conselhos participantes estavam preocupados em lidar nesta época. Eles sentiram que tinham projetos mais urgentes nos quais investir durante este milênio fìscal.

Como resultado desses fatores e do fato adicional de que é praticamente impossível para alguém ser mestre e discípulo ao mesmo tempo, os Conselhos não só rescindiram a lei que governa o sistema educacional kármico, como também votaram unanimemente pela aprovação da Lei da Graça. Em conseqüência disso, todas as dívidas foram riscadas dos registros cósmicos, e vocês estão livres para seguir em frente sem precisar submeter-se a quaisquer dívidas em que possam ter incorrido. Também estão livres para parar de fingir que são discípulos. Essa legislação torna tudo mais fácil, e provocou um suspiro de alívio em toda a equipe administrativa do Conselho Intergaláctico — especialmente o Departamento de Justiça e o Serviço de Retribuição Interdimensional. Isso também deveria provocar um suspiro de alívio em vocês.

A Missão de Controle repete esta importante notícia: A Lei do Karma foi revogada e a Lei da Graça foi decretada para ajudá-los na sua manifestação da divindade. Todas as dívidas foram perdoadas e todas as datas marcadas para comparecimento no tribunal foram canceladas. Vocês estão livres para seguir em frente, fora da jurisdição do karma e em estado de graça. Que as bênçãos de todos os Conselhos estejam com vocês.

Técnicas de Auto-ajuda

A melhor técnica de auto-ajuda que vocês poderiam praticar é a arte do riso. Isso não quer dizer que tudo o que está desmoronando é, de todo, engraçado. Por exemplo, vocês poderão achar difícil, a princípio, sorrir diante do rápido desaparecimento da camada de ozônio e das substâncias petroquímicas que ingerem cada vez que tomam um copo de água. Além disso, para ser totalmente honestos, nem *nós* achamos a Reserva Federal muito divertida. No entanto, ficar deprimido não é uma resposta.

Este é o momento de mudança mais crítico da história deste planeta, e a ajuda de vocês nessa mudança é vital. O bom humor tem o efeito de elevar o nível de vibração, e vocês não vão acreditar ao saber a que altura ele precisa chegar para atravessar o nível atual. Permanecer catatônicos diante da seriedade da situação global não só não ajudará a Terra como atirará vocês para fora da quadra. Querem um conselho? Continuem rindo.

Outra prática que vocês acharão inestimável é confessar francamente sua capacidade de criação. A realidade de vocês é formada pela atenção, e depende inteiramente da escolha que fizerem o fato de terminarem como atores de segunda categoria num filme classe B em vez de acabar como astros sobre a estrela que está em vias de nascer. É também aconselhável ter em mente que vocês estão aqui para cumprir tarefas. Por favor, não se deixem afastar do caminho por pensar que contraíram câncer só porque visitaram um hospital. *Lembrem-se de quem vocês são e do que estão fazendo, e mantenham os olhos nas estrelas.*

O Grande Despertar

Os anos 90 são a década do Grande Despertar. Comparativamente, a década de 90 está destinada a fazer com que a de 60 se pareça com pouco mais que um episódio de *Leave It to the Beaver* [Deixe Isso para o Castor]. Nesta década, a segunda onda de extraterrestres se lembrará de quem eles realmente são.

Esse grupo recém-despertado abrange a maior parte dos seres deste planeta que estão transportando dentro de suas estruturas genéticas as sementes de uma nova consciência. Essa maré da consciência é uma força irresistível, e seu impacto está destinado a varrer e a modelar de ponta a ponta as praias do milênio que se aproxima. O Grande Despertar é uma manifestação da Vitória da Luz, que já foi realizada além deste plano e agora tem apenas de se desdobrar nesta dimensão.

A maior ajuda que vocês irão receber nesta missão acontecerá por meio desse despertar dos seus companheiros. O aumento de energia transmutacional provocada por esse despertar inclinará irreversivelmente os pratos do globo para o lado do realinhamento espiritual. Esse aumento de vibração será prova de um conceito extraterrestre muito sofisticado, que chamamos de *marketing* multidimensional. Durante esses momentos, por favor, sejam generosos e carinhosos ao ajudar os que os cercam. É bem provável que eles sejam a sua descendência.

A Semente das Estrelas — A Próxima Geração

Outra grande fonte de assistência para esta missão será estendida a vocês pela geração seguinte. Este manual é dirigido, antes de mais nada, à vanguarda desta missão, cuja tarefa é abrir caminho para uma nova civilização. Entretanto, a geração para a qual vocês têm preparado o terreno está bem à frente de vocês. Será ela a construtora da civilização cujos alicerces estão agora sendo assentados.

Temos notado que a atual civilização deste planeta está alarmada com essa nova geração que começou a fazer picadinho dos testes de avaliação padronizados. Muitos dos que dela fazem parte estão registrando marcas notavelmente baixas em seus testes de inteligência, tais como o exame SAT*. Também estão tendo de suportar um verdadeiro dia de exercícios militares com esses testes psicológicos de normalidade, tais como o Inventário de Personalidade Multifásica de Minnesota. Podemos sugerir que o Multifásico de Minnesota nunca foi adequado para avaliar quem quer que seja fora de Minnesota, e é ainda mais inadequado para avaliar um extraterrestre que pode ter uma predisposição alarmante para a androginia e para outros comportamentos psicologicamente suspeitos. Esse grupo de estrelas seminais está equipado de maneira diferente, e fica basicamente entediado diante dos questionáveis padrões de inteligência e de disfuncionalidade ostentados como saúde mental, aos quais vocês os submetem. Seria efetivamente mais apropriado avaliar essa geração com uma escala Richter, se vocês estivessem realmente interessados em entender quem eles são. E pode ser este o momento de rasgar os exames obsoletos, que só avaliam a resposta deles à escravidão.

Assim como vocês são grandes mestres da consciência, eles também o são. A tarefa deles é ligeiramente diferente, mas eles os suportarão em suas tarefas enquanto aguardam o momento em que irão tornar conhecida a sua presença. Tratem bem esses mestres. Eles são as sementes que deverão produzir os frutos do extático destino de vocês.

---

* *Systems Approach of Training* [Abordagem Sistêmica para o Treinamento]. (N.T.)

Auxílios Audiovisuais

O Conselho Intergaláctico está em vias de considerar sua linha de parafernálias interdimensionais, a ser lançada em futuro próximo, para ajudá-los a ingressar na verdadeira identidade de vocês. Se vocês já adquiriram essa identidade, nenhum desses recursos audiovisuais será necessário. Entretanto, se ainda estão em transição, vocês podem achar útil sua "linha para o outono". Se quiserem estar na lista do correio do Conselho, façam o favor de nos enviar nome e endereço para o endereço que aparece no final deste livro. (Não se esqueçam de indicar que vocês estão interessados na Linha de Designer E.T. do Conselho, para que não lhes remetamos, equivocadamente, uma permissão ou licença não-requisitada.)

Nota: Se solicitaram uma Licença para Criar ou nos mandaram o endereço com as informações para o nosso recenseamento pedidas no fim deste manual, vocês serão, automaticamente, cadastrados nessa lista do correio, a menos que indiquem de outro modo.

Monitoração

Este item não é para ajudar vocês; é para nos ajudar. Alguns de nossos técnicos têm apresentado queixas, solicitando que elas constassem deste manual. Como mencionamos em outra parte, todos os membros desta missão estão sob constante vigilância por parte de nossa equipe de monitoração. Em muitos casos, isso acabou virando um tédio completo, e alguns membros do nosso pessoal estão tendo dificuldade para ficar acordados junto aos seus painéis. Eles estão se perguntando se vocês se esqueceram do objetivo pelo qual estão neste planeta e se gostariam de um pouco mais de atividade com referência à missão. Portanto, para a segurança de vocês, bem como para a segurança do planeta, poderiam fazer o favor de apertar o passo? A definição da atividade a que eles se dedicam não inclui monitorar todo um esquadrão que fica dormindo em cima do volante.

UM CONVITE FORMAL

A Missão de Controle
respeitosamente
solicita
a presença de vocês
em
uma reunião do tipo venha-do-jeito-que-você-está
*RSVP**

Sabemos que esta missão não é fácil. Também sabemos que muitas lágrimas têm sido derramadas no apavorante processo do desenvolvimento espiritual exigido de vocês. Consolem-se em saber que todas essas lágrimas logo serão enxugadas dos seus olhos e que toda essa dor será descar-

* Código de comunicação em francês: *Répondez, S'il Vous Plaît* [Responda, por favor]. (N.T.)

tada e esquecida. A glória e a alegria daquilo que está em vias de acontecer tornarão tudo o que vocês tiveram de suportar um dispêndio menor, um preço que vocês estariam mais do que dispostos a pagar de novo.

Todos vocês estão cordialmente convidados a comparecer à festa de aniversário que marcará o término bem-sucedido desta missão. Essa celebração fará com que todas as festas reunidas de todos os chefes de Estado da Terra inspirem vergonha. Essas festas parecerão gestos patéticos em comparação com a festa que o Espírito está prestes a dar em nome de vocês. A revelação da natureza da presença de vocês neste plano logo será anunciada. Vocês serão conhecidos como os honrados convidados do Espírito a quem vieram servir, revelação que dará um significado inteiramente novo à expressão "um elenco salpicado de estrelas".

O traje é simples mas obrigatório. Vocês devem se apresentar envergando sua presença plena, vestidos com a luz espiritual dos Lordes que vocês são. Vistam-se com os atavios que convêm aos mensageiros do Espírito para este plano. Saiam dos seus esconderijos e venham plenamente adornados como os distintos membros do sistema de parto divino das estrelas do Espírito. Venham, em suma, como realmente são.

Abençoamos vocês pela coragem e pelo compromisso assumido, e os honramos pelas realizações conseguidas neste plano. Que lhes dê ânimo o conhecimento de que a tarefa de vocês está quase no fim. Este planeta baseado no carbono explodirá muito em breve, eclodindo num diamante, numa pedra preciosa na coroa dos céus deste sistema solar. Então, a celebração começará.

Aqui é a Missão de Controle
Câmbio final

O RECENSEAMENTO EXTRATERRESTRE

Uma vez que é muito grande o número de entidades que constituem essa missão, e muitas ingressaram neste plano representando uma miríade de alianças, de comandos, de conselhos e de federações, decidimos fazer um recenseamento. Embora costumássemos realizá-lo em todos os outros milênios, quer necessitássemos ou não de um, este recenseamento em particular é de especial importância para nós. Isso porque, devido à missão, há hoje muito mais extraterrestres aqui do que costumava haver. Outra razão que torna importante este recenseamento é que os estatísticos do Conselho ficaram confusos devido ao fato de muitos dos membros da missão fazerem parte de empenhos e objetivos de almas grupais, que se fragmentaram sobre este plano, como lascas de uma árvore, especialmente para esta ocasião. Nossos registros computam os membros de uma alma grupal como um só. (O fato é que é dessa maneira que contamos a missão inteira, independentemente do planeta, da galáxia ou da dimensão de onde vocês possam ter vindo, ou com qual aliança ou federação estejam vinculados.)

Computar a coisa toda como uma só, ou um projeto de alma grupal como um único, está ótimo para a quinta dimensão, mas causa um bocado de congestionamentos de tráfego na terceira, onde alguns de nossos "uns" agora estão excedendo a casa dos cinco milhões. Apenas para encurtar o assunto, estamos pedindo para que vocês, voluntariamente, se voltem para dentro de si mesmos. Embora nossas estatísticas nunca somem até uma contagem acima de um, é uma questão não só de interesse, mas também de pôr as coisas em ordem, saber onde estão localizados os fragmentos desta missão e como eles acham que estão agindo.

Além de satisfazer essas preocupações tridimensionais superficiais, este recenseamento está sendo realizado efetivamente para o benefício de vocês. Os dados que entram aqui enviados por vocês serão utilizados para ligá-los energeticamente na percepção que vocês têm uns dos outros neste plano. Na verdade, não precisamos de uma contagem para saber quem vocês são, onde estão e o que vocês pretendem fazer de vocês. (Em outras palavras: Sabemos se estiveram dormindo. Sabemos se estão acordados. E sabemos se têm sido maus ou bons, etc.)

— O Conselho Intergaláctico

FORMULÁRIO OFICIAL DO RECENSEAMENTO EXTRATERRESTRE

Outro ciclo de dois mil anos está chegando ao fim, e está na hora, mais uma vez, de realizar o nosso recenseamento extraterrestre bimilenial. Como é de costume, o Conselho Intergaláctico garante que o formulário deste recenseamento permanecerá confidencial. Até o fim dos tempos, ninguém, a não ser membros da equipe do Bureau do Recenseamento, membros do Conselho Intergaláctico e todo o pessoal dos vários departamentos do Conselho, membros afiliados da missão, inclusive todas as Alianças, Comandos, Federações, etc., delegados do Conselho Interdimensional ou Estelar inter-relacionados, o Comandante da Real Força Aérea Celeste, seus oficiais e tripulação, a Missão de Controle e os membros das famílias desses participantes, terá permissão para examinar esse formulário. Agradecemos pelo tempo que dedicarem para preenchê-lo e nos devolver. Ele é importante para vocês, para a comunidade, para a nação e para o planeta de vocês.

Nota: O seguinte formulário para o recenseamento tem de ser rasgado ou então copiado, recortado, preenchido, dobrado e colocado num envelope antes de ser enviado ao correio. Isto é um teste para a sua destreza manual e para a envergadura da sua atenção. Em seguida, vocês mesmos devem comprar selos de primeira classe e colar no envelope. Este é um teste para avaliar o nível do interesse de vocês. Se esse processo parecer muito perturbador, não se esqueçam de que temos observado vocês fazerem esforços muito maiores ao competir em concursos de revistas no intuito de se tornarem milionários. Certamente, vocês podem dispor de um momento para esta aventura co-criativa planejada para ajudar a libertá-los de sempre terem de participar de um *sweepstake* tridimensional.

1a. Eu sou: ☐ Um Mestre Extraterrestre

☐ Um membro das Hostes Angélicas

☐ Um membro do Conselho, da Federação, da Aliança e/ou do Comando

☐ Um Adepto, Mestre ou Senhor Interdimensional

☐ Um membro das Forças Especiais

☐ Uma Alma Grupal que se apresenta como muitos seres humanos

☐ Todos os acima

☐ Todos os acima com exceção de___________

☐ Outros (favor especificar) ______________

1b. Minha localização é: Longitude _______ Latitude ______ (se for desconhecida, ou se querem estar na nossa lista do correio, coloquem o endereço)

Nome ____

Rua ____

Cidade__________ Estado__________ CEP __________

País ________________ Telefone (_____)____________

2. Há outros membros de sua família que também são extraterrestres?

☐ Sim ☐ Não Se a sua resposta foi sim, quantos são?______

3. Sexo: ☐ Masculino ☐ Feminino ☐ Andrógino

☐ Não-comprometido

4. Raça: ☐ Humana ☐ Outra (Se vocês são alguma forma de andróide ou se insistem em permanecer alienígenas, favor não responder a este quesito. Isto não é o que entendemos por "outra".)

5. Eu sou um (assinale com um X uma das alternativas): ☐ E.T. de Vanguarda ☐ E.T. de 2ª onda ☐ E.T. de segunda geração ☐ *Nouveau* E.T.

Minha idade é _________ (Esta informação tem o propósito exclusivo de nos informar se você atira a bola pelo menos perto da quadra na identificação correta de sua posição.)

6. A pergunta seguinte foi planejada para determinar sua atitude mental relativamente à missão. Não pretendemos, em absoluto, alterar a missão com base nas respostas de vocês; portanto, sintam-se livres para responder da maneira como quiserem. Nós não só poderemos levá-las em consideração, como também já ouvimos isso tudo.

Minha opinião honesta a respeito da candente questão relativa à negação pessoal no que se refere a esta missão é:

☐ Não sei do que vocês estão falando. Que missão é essa?

☐ Sintam-se livres para me teleportar aí para cima. Realmente *não existe* vida inteligente aqui embaixo.

☐ Este planeta não está em forma para um salto evolutivo. Não poderia nem mesmo suportar um pulinho evolutivo, e eu aconselho reconsideração imediata do plano todo.

☐ Não me lembro de ter-me alistado para essa missão. Se o fiz, não haveria algo assim como uma dispensa? A desonra me cai bem.

☐ Creio que encontrei um plano de transição planetária melhor que o de vocês e que não requer a minha participação direta. Podemos conversar?

☐ Moro em Wilton, Connecticut, e confundi minha pasta de documentos com a minha identidade. Há alguma possibilidade de eu e minha pasta sermos transferidos para um outro posto a esta altura dos acontecimentos?

☐ Esta missão é um barato incrível. Qual é a próxima, garotões? (Fiquem avisados de que, se derem uma checada neste *box*, mais perguntas vão ser necessárias.)

☐ Meus pensamentos pessoais e ainda não-formulados sobre esse assunto são os seguintes (25 palavras ou menos, por favor):

____

____

____

7. Espero estar plenamente em condições de me apresentar para cumprir o meu dever ativo e consciente no máximo até: Mês _______ Ano _______ (Quem estiver pensando num ano posterior a 1998 e que tenha mais de doze anos, favor assinalar aqui para solicitar uma prorrogação: ☐.)

Agradecemos sua cooperação.

Favor enviar o formulário para o recenseamento preenchido ao seguinte endereço:

The Intergalactic Council • Bureau of the Census • P.O. Box 2066 • Pagosa Springs, Colorado 81147 • USA

(Se estiver interessado em informações suplementares a respeito de nossas atividades neste planeta, favor entrar em contato com nossos escritórios tridimensionais para uma atualização. Caso queira receber uma Licença para Criar, favor incluir uma taxa única de $11 em fundos da US Earth somente.)

Para entrar em contato com o Autor, escreva para:
Central Sun Productions, A Pure Trust Organization,
P. O. Box 3688, Pagosa Springs, Colorado State,
Postal Zone 81147, USA

Outras obras de interesse:

ESPAÇO, TEMPO E ALÉM
Bob Toben e *Fred Alan Wolf*

O PONTO DE MUTAÇÃO
Fritjof Capra

O TAO DA FÍSICA
Fritjof Capra

I CHING - O Livro das Mutações
Richard Wilhelm (org.)

GIORDANO BRUNO E A TRADIÇÃO HERMÉTICA
Frances A. Yates

MUNDO, HOMEM E DEUS
Pierre Teilhard de Chardin

O FENÔMENO HUMANO
Pierre Teilhard de Chardin

TAO-TE KING
Lao-Tzu

O PROCESSO DA INTUIÇÃO
Virginia Burden

ADIVINHAÇÃO E SINCRONICIDADE
Marie-Louise von Franz

O FIO DE ARIADNE
V. L. Saiunav

GEOMETRIA SAGRADA
Nigel Pennick

UM NOVO MODELO DO UNIVERSO
P. D. Ouspensky

O ENEAGRAMA
J. G. Bennett

A DANÇA DO COSMOS
Felix Weber

OS SURFISTAS DO ZUVUYA - Histórias de uma Viagem Interdimensional
José Argüelles

À ESPREITA DO PÊNDULO CÓSMICO
Itzhak Bentov

UM LIVRO CÓSMICO
Itzhak Bentov e *Mirtala*

O CAMINHO DO GUERREIRO PACÍFICO
Dan Millman

O ATLETA INTERIOR
Dan Millman

Peça catálogo gratuito à
EDITORA CULTRIX
Rua Dr. Mário Vicente, 374 - Fone: 272-1399
04270-000 - São Paulo, SP